Langenscheidt Sprachführer

Schwedisch

Die wichtigsten Sätze und Wörter für die Reise

Langenscheidt

München · Wien

E-Book Download

Gehen Sie auf **www.langenscheidt.de/sprachfuehrer-ebook** und laden Sie mit dem Code **S724V** Ihr kostenloses E-Book „Essen & Trinken“ herunter.

Abkürzungen:

n sächlich

pl Plural

Bildnachweis:

S. 19: Getty Images/Panoramic Images
S. 47: Alamy/Deco
S. 61: laif/hemis.fr/Patrice Hauser
S. 77: laif/Berthold Steinhilber
S. 109: Sabine von Loeffelholz
S. 129: Getty Images/Philip and Karen Smith
S. 161: Getty Images/Nordic Photos
S. 189: Sabine von Loeffelholz
S. 213: Alamy/Frank Chmura

Herausgegeben von der Langenscheidt-Redaktion
Gestaltungskonzept von Farnschläder & Mahlstedt, Hamburg
Covergestaltung von KW43 BRANDDESIGN, Düsseldorf

Druck und Bindung: Druckerei C. H. Beck, Nördlingen
ISBN: 978-3-468-22306-8
www.langenscheidt.de

16010

Hier.	**Här.** hä:r.
Dort.	**Där.** dä:r.
Rechts.	**Till höger.** till hö:ger.
Links.	**Till vänster.** till wänster.
Geradeaus.	**Rakt fram.** ra:kt framm.
heute	**i dag** i da:g
morgen	**i morgon** i morron
gestern	**i går** i go:r
Haben Sie ...?	**Har du ...?** ha:r dü: ...?
Ich möchte ...	**Jag skulle vilja ...** ja: skülle wilja ...
Ich suche ...	**Jag letar efter ...** ja: le:tar efter ...
Was ist das?	**Vad är det?** wa: ä:r de:?
Was kostet das?	**Vad kostar det?** wa: kostar de:?
Wie spät ist es?	**Hur mycket är klockan?** hü:r mycke ä:r klockan?
Ist dieser Tisch noch frei?	**Är det här bordet ledigt?** ä:r de: hä:r bu:rdet le:dit?
Die Karte bitte.	**Matsedeln, tack.** ma:t-se:deln, tack.
Wo ist die Toilette?	**Var ligger toaletten?** wa:r ligger toa'letten?
Die Rechnung bitte!	**Notan, tack!** nu:tan, tack!
Es stimmt so.	**Det är jämnt.** de: ä:r jämmt.
Hilfe!	**Hjälp!** jälp!
Können Sie mir bitte helfen?	**Kan du vara snäll och hjälpa mig?** kann dü: wa:ra snäll o: jälpa mej?
Rufen Sie schnell einen Kranken-wagen!	**Var snäll och ring efter en ambulans!** wa:r snäll o: ring efter enn ambü'lans!

Inhalt

Essen & Trinken 77

Unterwegs in der Stadt 109

Einkaufen 129

Aktivitäten 161

Wie viel kostet das?	Hur mycket kostar det? hü:r mycke kostar de:?

Um Ihnen die Aussprache zu erleichtern, sind alle schwedischen Sätze und Wörter zusätzlich in vereinfachter Lautschrift angegeben.

Wenn es mehrere Möglichkeiten gibt, einen Satz fortzuführen, stehen die möglichen Ergänzungen unter dem Satz. Setzen Sie die passende Ergänzung in die Lücke mit den drei Punkten ein.

Können Sie mir ... empfehlen?	Kan du rekommendera mig ... kann dü: rekommen'de:ra mej ...
... ein gutes Hotel	... ett bra hotell? ... ett bra: ho'tell?
... ein preiswertes Hotel	... ett prisvärt hotell? ... ett pri:swärt ho'tell?
... eine Pension	... ett pensionat? ... ett panschu'na:t?
... eine Privatunterkunft	... ett uthyrningsrum? ... ett ü:t-hy:rnings-rümm?
Wo bekomme ich ... ?	Var kan jag få tag på ...? wa:r kann ja: fo: ta:g po: ...?

Bei Auslassungspunkten können Sie das einsetzen, was Sie gerade sagen möchten. Ergänzungen finden Sie in der Liste „Weitere Wörter“ zu jedem Abschnitt oder Kapitel.

Wie heißen Sie | heißt du? — Vad heter du?
wa: he:ter dü:?

Manchmal sind in einem Satz die du- und Sie-Form angegeben. Die beiden Varianten sind unterstrichen und mit einem Strich getrennt. Da es im Schwedischen keinen Unterschied zwischen der du- und Sie-Form gibt (beides du), steht in der Übersetzung nur eine Form, die für beide Varianten gilt.

Wo ist die Touristeninformation? — Var ligger turistinformationen?
wa:r ligger tü'rist-informa'schu:nen?

Das könnten Sie hören:

◂ Den första gatan till vänster.
denn förschta ga:tan till wänster.
Die erste Straße links.

Sätze, die Sie nicht selber sagen werden, die man aber vielleicht zu Ihnen sagt, haben wir in umgekehrter Sprachrichtung (also links Schwedisch, rechts Deutsch) aufgenommen. Sie sind mit der Überschrift „Das könnten Sie hören" versehen und mit Pfeilen gekennzeichnet.

Haben Sie das auch in einer anderen Farbe? — Finns den också i en annan färg?
finns denn ockso: i enn annan färj?
▸*Farben*, S.144

Verweis auf andere Kapitel, in denen Sie weitere Wörter und Sätze finden.

Achtung, Fettnäpfchen!

Generell ist die schwedische Kultur der deutschen relativ ähnlich. Auf Pünktlichkeit und Regeltreue wird großen Wert gelegt, allerdings äußert man sich in Schweden diesbezüglich etwas zurückhaltender. Sich einzumischen, jemanden offen zu kritisieren oder jemandem ins Wort zu fallen, kommt nicht gut an.

Gleichstellung, nicht nur von Mann und Frau, ist ein wichtiges Thema in Schweden. Alle Menschen sind gleichberechtigt und niemand sollte sich für etwas Besseres halten. Man versucht möglichst die gesunde Mitte anzustreben, sich also lagom (genau passend) zu verhalten, denn sonst wird man schnell als überheblich angesehen.

Vordrängeln gilt als unhöflich, Schlange stehen wird sehr ernst genommen. Damit es gerecht zugeht, gibt es in vielen Läden oder Behörden das sogenannte kölappsystem, bei dem eine Nummer gezogen werden muss, nach der man bedient wird.

Auch wenn Patriotismus in Schweden generell kritisch gesehen wird, so ist man doch stolz auf sein Land. Als Besucher sollte man daher vorsichtig mit Kritik gegenüber typisch schwedischen Traditionen wie dem Königshaus oder der Elchjagd sein.

Anrede

Im Allgemeinen legen Schweden viel weniger Wert auf Titel und förmliche Umgangsformen als Deutsche. Seit einer Reform Ende der 1960er Jahre ist es üblich, sich mit Vornamen und du anzusprechen. Lediglich in offiziellem Rahmen, etwa bei der Königsfamilie oder bei Mitgliedern des Parlaments, verwendet man heute noch Titel.

Begrüßung

Unabhängig vom Alter der Person und der Tageszeit begrüßt man sich mit hej. Umgangssprachlich sind auch hej hej, tjena sche:na (Hi) oder hejsan hejsan (Hallo) üblich. Morgens sagt man auch God morgon! gu: morron! (Guten Morgen!).

Wie im Deutschen beginnt man eine Unterhaltung oft mit Hur är det? hü:r ä:r de:? (Wie geht's?). Unter jüngeren Leuten ist hierfür eher (Hur är) läget? (hü:r ä:r) lä:get? üblich. Man antwortet mit Bra, tack bra:, tack (Gut, danke) oder Ähnlichem. Zum Abschied verwendet man meistens hejdå! hejdo:! (Tschüs!) oder vi ses! vi: se:s! (Bis bald!).

Essgewohnheiten

Die wichtigste warme Mahlzeit des Tages heißt middag midda:g und wird am späten Nachmittag oder frühen Abend eingenommen. Mittags nimmt man eher eine leichtere Mahlzeit (lunch lunsch) zu sich, gerne auch warm. Viele Restaurants bieten hierfür ein günstiges Tagesgericht (dagensrätt da:gens-rätt) an, bei dem oft Brot, Butter, Salat und ein Getränk im Preis inbegriffen sind.

Zum Essen wird meistens kostenlos Leitungswasser bereitgestellt. In vielen Cafés und Restaurants ist ein påtår po:-to:r („der Schluck obendrauf“) im Preis enthalten. Das bedeutet, dass Sie sich eine zweite Tasse Kaffee umsonst oder für einen kleinen Aufpreis nehmen dürfen.

Eines der wichtigsten schwedischen Wörter ist fika fi:ka. Es steht für eine Kaffeepause, die man sich mehrmals am Tag mit Familie, Freunden oder Kollegen gönnt. Nicht umsonst gilt Schweden als das Land mit dem zweithöchsten Kaffeekonsum pro Person weltweit. Das beliebteste Gebäck zum fika ist die kanelbulle ka'ne:l-bülle (Zimtschnecke).

Um Ihnen eine Hilfe bei der Aussprache des Schwedischen zu geben, haben wir alle Wörter und Sätze zusätzlich in einer vereinfachten Lautschrift wiedergegeben.

Beachten Sie dabei folgende Besonderheiten:

Das Zeichen [:] zeigt an, dass der vorangehende Vokal lang gesprochen wird: bröd brö:d Brot.

Kurze Vokale werden dagegen nicht gekennzeichnet. Nur dort, wo der deutsche Sprecher vom Schriftbild her zu einer langen Aussprache neigen könnte, wird in der Lautschrift der folgende Konsonant verdoppelt: rum rümm Zimmer.

Ein Bindestrich [-] in der Lautschrift zeigt an, dass hier zwei Silben aufeinandertreffen, die getrennt zu sprechen sind: utsikt ü:t-sickt Aussicht.

Die Verbindungen st und sp werden ausgesprochen wie *st* in Mist und *sp* in Wespe. Ausnahmen sind Verbindungen mit r: första förschta erster.

In der Regel wird im Schwedischen die erste Silbe betont. In abweichenden Fällen, oft bei Fremdwörtern, haben wir in der Lautschrift vor der betonten Silbe ein Betonungszeichen ['] gesetzt, z. B. biljett bill'jett Fahrkarte.

Schrift	Laut-schrift	Aussprache	Beispiel
a	a a:	kurzes *a* wie in Wasser langes, geschlossenes *a*, ein bisschen Richtung *o*	tack tack danke jag ja: ich
c	s k	stimmloses *s* wie in Wasser wie das *k* in Kind	recept re'sept Rezept café ka'fe: Café
dj / gj / hj / lj	j	wird jeweils nur als *j* ausgesprochen	djur jü:r Tier ljus jü:s Licht

Schrift	Laut-schrift	Aussprache	Beispiel
gn	gn	das *g* erhält als Vorlaut ein nasales *n* (*ngn*)	regn regn Regen
k	ch k	vor hellem Vokal wie *ch* in ich vor dunklem Vokal wie *k* in Kind	kilo chi:lo Kilo konst konst Kunst
o	u u: o o:	kurzes *u* langes *u* kurzes, offenes *o* wie in Post langes, sehr geschlossenes *o*, zwischen *o* und *u*	kort kurt Karte ost u:st Käse klocka klocka Uhr son so:n Sohn
s	s	immer stimmlos, wie in Wasser	säng säng Bett
u	ü ü:	kurzes *ü* langes *ü*, zwischen *ü* und *u*	guld güld Gold hus hü:s Haus
y	y y:	kurzes *ü* wie in Stück langes *ü*, zwischen *ü* und *i*	yrke yrke Beruf ny ny: neu
å	o o:	kurzes, offenes *o* wie in Post langes, geschlossenes *o* wie in Monat	sång song Lied tvål two:l Seife
ä	ä ä:	kurzes *ä*, zwischen *ä* und e langes *ä* wie in sägen	däck däck Reifen här hä:r hier

Besonderheiten:

Die Personalpronomen de und dem (3. Person Pl.) werden beide domm ausgesprochen.

Die Pronomen mig, dig, sig (Objekt- bzw. Reflexivpronomen) spricht man mej, dej, sej aus.

Substantive und Artikel

Geschlecht und Artikel

Es gibt im Schwedischen zwei Genera: Utrum (gemeinsame Form für Maskulinum und Femininum) und Neutrum.
Der unbestimmte Artikel heißt bei Utrum-Wörtern en und bei Neutrum-Wörtern ett. Er steht, wie im Deutschen, vor dem Substantiv. Der bestimmte Artikel -(e)n für Utrum und -(e)t für Neutrum wird jeweils an das Wort angehängt. In den Wortlisten und im Reisewörterbuch geben wir zu jedem Substantiv den bestimmten Artikel an.

	Utrum	**Neutrum**
unbestimmter Artikel	en bil ein Auto	ett hus ein Haus
bestimmter Artikel	bilen das Auto	huset das Haus

Bei manchen Wörtern verändert sich beim Anhängen des Artikels das Grundwort, z. B. medel – medlet Mittel.

Plural

Bei der Bildung des Plurals unterscheidet man fünf Klassen mit unterschiedlichen Pluralendungen in der unbestimmten Form. Utrum-Wörter gehören dabei zu den ersten drei Klassen, Neutrum-Wörter zu den Klassen 4 und 5 (siehe Tabelle rechs oben).

Einige Wörter haben zusätzlich einen Umlaut im Plural:
hand – händer Hand   bok – böcker Buch

Bei der bestimmten Form lautet der angehängte Pluralartikel -na (Kl. 1–3), -a (Kl. 4) oder -en (Kl. 5):

Klasse	Plural-endung	Sing. unbest.	Sing. best.	Plural unbest.	Plural best.
1	-or	klocka	klockan	klockor	klockorna
2	-ar	bil	bilen	bilar	bilarna
3	-er	hand	handen	händer	händerna
4	-n	äpple	äpplet	äpplen	äpplena
5	–	hus	huset	hus	husen

Adjektive

Bestimmte Form

Steht ein Substantiv in der bestimmten Form, erhält das dazugehörige Adjektiv ebenfalls die bestimmte Form. Sie wird durch einen zusätzlichen, vorangestellten Artikel ergänzt. Dieser kann entweder ein einfaches den, det, de (der, die, das; die) oder ein demonstratives den här, det här, de här (dieser, diese, dieses; diese) sein:

	vorangestellter Artikel	bestimmte Form des Adjektivs	bestimmte Form des Substantivs
Singular	den (här) das (dieses) det (här) das (dieses)	fina schöne fina schöne	bilen Auto huset Haus
Plural	de (här) de (här)	fina fina	bilarna husen

Unbestimmte Form

Steht ein Substantiv in der unbestimmten Form, wird das Adjektiv unbestimmt flektiert. Dabei richtet es sich in Geschlecht und Zahl nach dem Substantiv, das es bestimmt.

Die Utrumform ist die Grundform, in der die Adjektive in den Wortlisten stehen. Im Neutrum wird den Adjektiven gewöhnlich ein -t und im Plural ein -a angehängt.

	unbestimmtes Substantiv	
	Utrum	**Neutrum**
Singular	en grön bil ein grünes Auto	ett grönt hus ein grünes Haus
Plural	gröna bilar grüne Autos	gröna hus grüne Häuser

Bei der Bildung der Neutrum- und Pluralformen ergeben sich je nach Stammauslaut des Grundwortes folgende Angleichungen:

langer Vokal	ny – nytt – nya neu
langer Vokal + t	söt – sött – söta süß
langer Vokal + d	god – gott – goda gut
Konsonant + d	hård – hårt – hårda hart
unbetontes -en/-el/-er	naken – naket – nakna nackt enkel – enkelt – enkla einfach vacker – vackert – vackra hübsch

Adverbien

Viele Adverbien werden von Adjektiven abgeleitet. Sie gleichen der neutralen Form der Adjektive: snabbt schnell, vänligt freundlich usw. Einige wichtige Adverbien sind:

aldrig nie
alltid immer
ganska ziemlich
genast sofort

ibland manchmal
ofta oft
redan schon
snart bald

Pronomen

Personal- und Reflexivpronomen

Die Personalpronomen im Schwedischen haben eine Subjektform und eine Objektform.

Die Reflexivpronomen unterscheiden sich nur in der dritten Person von den Objektformen.

	Subjektform		Objektform		Reflexivpronomen	
Singular	jag	ich	mig	mir/mich	mig	mich
	du	du	dig	dir/dich	dig	dich
	han	er	honom	ihm/ihn	sig	sich
	hon	sie	henne	ihr/sie	sig	sich
	den	es	den	ihm/es	sig	sich
	det	es	det	ihm/es	sig	sich
Plural	vi	wir	oss	uns	oss	uns
	ni	ihr	er	euch	er	euch
	de	sie	dem	ihnen/sie	sig	sich

Possessivpronomen

Sie werden nach Genus und Numerus flektiert und richten sich nach dem Substantiv, das sie bestimmen:

(en) bil: Det är din bil. Das ist dein Auto.
(ett) hus: Det ät ditt hus. Das ist dein Haus.
böcker: Det är dina böcker. Das sind deine Bücher.

Singular		Plural	
min/mitt/mina	mein(e)	vår/vårt/våra	unser(e)
din/ditt/dina	dein(e)	er/ert/era	euer/eure
hans	sein(e)	deras	ihr(e)
hennes	ihr(e)		
dess	sein(e)		

Verben

Im Schwedischen gibt es schwache, unregelmäßige und starke Verben. Die Endungen sind für alle Personen im Singular und Plural gleich. Im Präsens lautet die Endung -r oder -er. Sie wird an den Stamm des Verbs angehängt. Manche Verben, z. B. Modalverben, haben keine Präsensendung.

Das Futur kann auf unterschiedliche Weise ausgedrückt werden, zum einen durch das Präsens, gegebenenfalls ergänzt durch eine Zeitangabe der Zukunft:

Vi reser (i morgon).	**Wir reisen (morgen) ab.**

Zum anderen kann das Futur mit den Hilfsverben kommer att/ tänker att/ska + Infinitiv umschrieben werden:

Vi kommer att resa i morgon.	**Wir werden morgen abreisen.**
Vi ska resa i morgon.	**Wir werden morgen abreisen.**

Das Perfekt wird mit dem Hilfsverb ha (haben) und der Supinumform (unveränderliche Form des Partizips Perfekt) des Verbs gebildet:

Jag har bokat ett dubbelrum.	**Ich habe ein Doppelzimmer gebucht.**

Schwache Verben

Klasse 1 (Stammendung auf -a):

	Infinitiv	**Präsens**	**Perfekt**
reden, sprechen	tala	talar	har talat

Klasse 2a (Stammendung auf stimmhaften Konsonanten):

Das Präsens endet meistens auf -er. Verben auf langem Vokal und -r oder -l erhalten keine Präsensendung.

	Infinitiv	Präsens	Perfekt
mieten	hyra	hyr	har hyrt
schließen	stänga	stänger	har stängt

Klasse 2b (Stammendung auf auf -p, -t, -k, -s):

Das Präsens endet auf -er.

	Infinitiv	Präsens	Perfekt
fahren	åka	åker	har åkt
lesen	läsa	läser	har läst

Klasse 3:

Sogenannte Kurzverben, deren Stamm auf betontem Vokal endet. Sie erhalten ein einfaches -r im Präsens .

	Infinitiv	Präsens	Perfekt
wohnen	bo	bor	har bott

Starke und unregelmäßige Verben

In der folgenden Tabelle sind die Formen von einigen wichtigen starken und unregelmäßigen Verben aufgelistet.

	Infinitiv	Präsens	Supinum
bekommen; dürfen	få	får	fått
einladen	bjuda	bjuder	bjudit
essen	äta	äter	ätit
geben	ge	ger	gett/givit
gehen	gå	går	gått
heißen	heta	heter	hetat
kommen	komma	kommer	kommit
können	kunna	kan	kunnat
müssen	(måsta)	måste	måst
nehmen	ta	tar	tagit
sagen	säga	säger	sagt
sehen	se	ser	sett
sollen	skola	ska	skolat
tun	göra	gör	gjort
verstehen	förstå	förstår	förstått
wissen	veta	vet	vetat
wollen	vilja	vill	velat

Hilfsverben

	vara sein		ha haben	
Präsens	jag är du är han är hon är den/det är vi är ni är de är	ich bin du bist er ist sie ist es ist wir sind ihr seid sie sind	jag har du har han har hon har den/det har vi har ni har de har	ich habe du hast er hat sie hat es hat wir haben ihr habt sie haben
Futur	jag ska vara	ich werde sein	jag ska ha	ich werde haben
Perfekt	jag har varit	ich bin gewesen	jag har haft	ich habe gehabt

Anreise & Weiterreise

... die wichtigsten Sätze

Entschuldigung, wo ist ...?
Ursäkta, var ligger ...?
ü:r'schäckta, wa:r ligger ...?

Wie komme ich nach ...?
Hur kommer jag till ...?
hü:r kommer ja: till ...?

Ist das die Straße nach ...?
▸ *Fragen nach dem Weg, S. 37*
Är det här vägen till ...?
ä:r de: hä:r wä:gen till ...?

Wann fährt der nächste Zug nach ...?
När avgår nästa tåg till ...?
nä:r a:w-go:r nästa to:g till ...?

Wann ist er in ...?
När är tåget i ...?
nä:r ä:r to:get i ...?

Muss ich umsteigen?
Måste jag byta tåg?
moste ja: by:ta to:g?

Was kostet eine Fahrkarte nach ...?
▸ *Auskunft und Fahrkarten, S. 27*
Hur mycket kostar en biljett till ...?
hü:r mycke kostar enn bill'jett till ...?

Ist dies der Zug nach ...?
Är det här tåget till ...?
ä:r de: hä:r to:get till ...?

Ist dieser Platz frei? **Är den här platsen ledig?**
är denn hä:r platsen le:dig?

Können Sie mir bitte helfen?
▸ *Im Zug, S. 30*
Kan du vara snäll och hjälpa mig?
kann dü: wa:ra snäll o: jälpa mej?

Sagen Sie mir bitte, wo ich aussteigen muss?
▸ *Überlandbus, S. 32*
Kan du vara snäll och säga till när jag måste stiga av?
kann dü: wa:ra snäll o: säija till nä:r ja: moste sti:ga a:w?

Ich möchte ein Auto mieten.
Jag skulle vilja hyra en bil.
ja: skülle wilja hy:ra enn bi:l.

Wie viel kostet das? **Hur mycket kostar det?**
▸ *Vermietung, S. 36*
hü:r mycke kostar de:?

Wo ist die nächste Tankstelle?
Var ligger närmaste bensinmack?
wa:r ligger närmaste ben'si:n-mack?

Bitte volltanken. **Full tank, tack.**
▸ *An der Tankstelle, S. 39*
füll tank, tack.

Können Sie mir Starthilfe geben?
▸ *Panne, S. 40*
Skulle du kunna hjälpa mig att starta?
skülle dü: künna jälpa mej att sta:rta?

Wo ist die nächste Werkstatt?
▸ *In der Werkstatt, S. 42*
Var ligger närmaste verkstad?
wa:r ligger närmaste werk-sta:d?

Einreise

Das könnten Sie hören:

◂Kan jag få se ..., tack.
kann ja: fo: se: ..., tack.
Ihren ..., bitte.

◂... ditt pass — ... Pass
... ditt pass

◂... din legitimation — ... Personalausweis
... dinn legitima'schu:n

◂Ditt pass har gått ut. — Ihr Pass ist abgelaufen.
ditt pass ha:r gott ü:t.

◂Har du något att förtulla?
ha:r dü: no:got att för'tülla?
Haben Sie etwas zu verzollen?

◂Det måste du förtulla.
de: moste dü: för'tülla.
Das müssen Sie verzollen.

◂Var vänlig och öppna ...
wa:r wänlig o: öppna ...
Öffnen Sie bitte den ...

◂... bakluckan. — ... Kofferraum.
... ba:k-lückan.

◂... resväskan. — ... Koffer.
... re:s-väskan.

Weitere Wörter

EU-Bürger	**EU-medborgare, -n** e:ü:-me:d'borjare
Fahrzeugpapiere	**bilpapper** bi:l-papper
Familienname	**efternamn, -et** efternammn
Führerschein	**körkort, -et** chör-kurt
Grenze	**gräns, -en** gräns
grüne Versicherungskarte	**grönt kort** grö:nt kurt
gültig	**giltig** jilti
Impfpass	**vaccinationsintyg, -et** waksina'schu:ns-innty:g
internationaler Führerschein	**internationellt körkort** internatschu'nellt chör-kurt
Mehrwertsteuer	**moms, -en** momms
Nationalitätskennzeichen	**nationalitetsbeteckning, -en** natschunali'te:ts-be'täckning
Nummer	**nummer, numret** nümmer
Papiere	**papper** papper
Pass	**pass, -et** pass
Personalausweis	**legitimation, -en** legitima'schu:n
Quittung	**kvitto, -t** kwitto
Rechnung	**räkning, -en** rä:kning
Reisegruppe	**resegrupp, -en** re:se:grüpp
Staatsangehörigkeit	**nationalitet, -en** natschunali'te:t
ungültig	**ogiltig** u:jilti
Unterschrift	**underskrift, -en** ünder-'skrift
verzollen	**förtulla** för'tülla
Wohnort	**hemort, -en** hemm-u:rt
Zoll	**tull, -en** tüll

Gepäck

Ich möchte mein Gepäck ...	**Jag skulle vilja ... mitt bagage.** ja: skülle wilja ... mitt ba'ga:sch.
... hierlassen.	**... lämna in** ... lämna inn
... abholen.	**... hämta** ... hämmta
Mein Gepäck ist (noch) nicht angekommen.	**Mitt bagage har inte kommit (än).** mitt ba'ga:sch ha:r inte kommit (änn).
Wo ist mein Gepäck?	**Var är mitt bagage?** wa:r ä:r mitt ba'ga:sch?
Mein Koffer ist beschädigt worden.	**Min resväska har blivit skadad.** minn re:s-wäska ha:r bli:wit ska:dad.
An wen kann ich mich wenden?	**Vem kan jag vända mig till?** wemm kann ja: wända mej till?

Weitere Wörter

aufgeben *(Gepäckaufbewahrung)* ... **lämna in** lämna inn
aufgeben *(Flugzeug)* ... **checka in** checka inn
Gepäck ... **bagage, -t** ba'ga:sch
Gepäckannahme ... **resgodsinlämning, -en** re:s-guds-in'lämning
Gepäckaufbewahrung **resgodsförvaring, -en** re:s-guds-för'wa:ring
Gepäckausgabe ... **bagageutlämning, -en** ba'gasch-ü:t-'lämning
Gepäckschein ... **bagagekvitto, -t** ba'gasch-kwitto
Handgepäck ... **handbagage, -t** hand-ba'ga:sch

Koffer	resväska, -n re:s-wäska
Koffergurt	bagagerem, -men ba'ga:sch-remm
Reisetasche	resväska, -n re:s-wäska
Rollkoffer	rullväska, -n rü:ll-wäska
Rucksack	ryggsäck, -en rygg-säck
Schließfach	förvaringsbox, -en för-'wa:rings-boks
Seesack	sjösäck, -en schö:-säck
Tasche	väska, -n wäska
Übergepäck	övervikt, -en ö:wer-wickt

Flugzeug

Wo ist der Schalter der Fluggesellschaft ...?	Var är incheckningsdisken till flygbolaget ...? wa:r ä:r inn-checknings-disken till flyg-bu:'la:get ...?
Können Sie mir am Check-in-Automaten helfen?	Kan du hjälpa mig med incheckningsautomaten? kann dü: jälpa mej me: inn-checknings-auto'ma:ten?
Wie viel kostet ein Flug nach ...?	Hur mycket kostar en flygbiljett till ...? hü:r mycke kostar enn fly:g-bill'jett till ...?
Sind noch Plätze frei?	Finns det fortfarande platser lediga? finns de: fu:rt-fa:rande platser le:diga?
Bitte ein Flugticket ...	En flygbiljett ..., tack. enn fly:g-bill'jett ..., tack.
... einfach.	... enkel ... enkel
... hin und zurück.	... tur och retur ... tü:r o: re'tü:r

Ich hätte gern einen ...	**Jag skulle gärna vilja ha en ...** ja: skülle jä:rna wilja ha: enn ...
... Fensterplatz.	**... fönsterplats.** ... fönster-plats.
... Platz am Gang.	**... plats vid gången.** ... plats wi:d gongen.
Kann ich das als Handgepäck mitnehmen?	**Kan jag ta med det här som handbagage?** kann ja: ta: me: de: hä:r som handba'ga:sch?
Kann ich meinen (zusammenklappbaren) Rollstuhl mitnehmen?	**Kan jag ta med min (ihopfällbara) rullstol?** kann ja: ta: me: minn (i'hu:p-fällba:ra) rüll-sto:l?
Ich möchte meinen Flug ...	**Jag skulle vilja ... min flygresa.** ja: skülle wilja ... minn fly:g-re:sa.
... rückbestätigen lassen.	**... bekräfta** ... be'kräfta
... stornieren.	**... avboka** ... a:w-bu:ka
... umbuchen.	**... boka om** ... bu:ka 'omm

Weitere Wörter

Abflug	**avgång, -en** a:w-gong
Ankunft	**ankomst, -en** ann-kommst
Anschlussflug	**anslutningsflyg, -et** ann-slü:tnings-fly:g
Ausgang	**utgång, -en** ü:t-gong
Bordkarte	**boardingcard, -et** bo:rding-ka:rd
mobile Bordkarte	**mobilt boardingcard** mobi:lt bo:rding-ka:rd
elektronisches Ticket	**e-biljett, -en** e:-bill'jett
Flughafen	**flygplats, -en** fly:g-plats
Flughafenbus	**flygbuss, -en** fly:g-büss

Flugzeit	flygtid, -en fly:g-ti:d
Flugzeug	flygplan, -et fly:g-pla:n
Kindersicherheitsgurt	barnbälte, -t ba:rn-bälte
Landung	landning, -en landning
Ortszeit	lokal tid, -en lu'ka:l ti:d
Pilot	pilot, -en pi'lu:t
Rückflug	returflyg, -et re'tü:r-fly:g
Schalter	disk, -en disk
Spucktüte	spypåse, -en spy:-po:se
Steward	flygvärd, -en fly:g-wä:rd
Stewardess	flygvärdinna, -n fly:g-wä:r'dinna
Ticket	biljett, -en bill'jett
Verspätung	försening, -en för-'sche:ning
Zwischenlandung	mellanlandning, -en mellan-landning

Zug

Auskunft und Fahrkarten

Wo finde ich die …	Var är … wa:r ä:r …
… Gepäckaufbewahrung?	… resgodsförvaringen? … re:s-guds-för'wa:ringen?
… Schließfächer?	… förvaringsboxarna? … för'wa:rings-boksarna?
Wann fährt ein Zug nach …?	När avgår ett tåg till …? nä:r a:w-go:r ett to:g till …?
Wann fährt der nächste Zug nach …?	När avgår nästa tåg till …? nä:r a:w-go:r nästa to:g till …?
Wann ist er in …?	När är tåget i …? nä:r ä:r to:get i …?

Info

Schwedische Züge haben sowohl in der 1. als auch in der 2. Klasse behindertengerechte Sitzplätze. Speisen und Getränke sind an Bord im bistro erhältlich. Es gibt Ruheabteile (tyst avdelning tyst a:w-de:lning) und in manchen Zügen Familienwagen (familjevagn fa'mi:lje-wagn) mit einer Spielecke für Kinder.

Muss ich umsteigen?	Måste jag byta tåg? moste ja: by:ta to:g?
Von welchem Gleis fährt der Zug nach ...?	Från vilket spår går tåget till ...? fro:n wilket spo:r go:r to:get till ...?
Was kostet eine Fahrkarte nach ...?	Hur mycket kostar en biljett till ...? hü:r mycke kostar enn bill'jett till ...?
Gibt es eine Ermäßigung für ...	Har ni rabatt för ... ha:r ni: ra'batt för ...
... Familien?	... familjer? ... fa'mi:ljer?
... Gruppen?	... grupper? ... grüpper?
... Senioren?	... seniorer? ... sen'ju:rer?
... Studenten?	... studenter? ... stü'denter?
Bis zu welchem Alter fahren Kinder umsonst?	Upp till vilken ålder åker barn gratis? üpp till wilken older o:ker ba:rn gra:tis?
Ist dieser Zug zuschlagpflichtig?	Behöver jag en tilläggsbiljett för det här tåget? be'hö:wer ja: enn till-läggs-bill'jett för de: hä:r to:get?

Bitte eine Karte ...	**En biljett ..., tack.** enn bill'jett ..., tack.
... einfach.	**... enkel** ... enkel
... hin und zurück.	**... tur och retur** ... tü:r o: re'tü:r
... erster Klasse.	**... i första klass** ... i förschta klass
... zweiter Klasse.	**... i andra klass** ... i andra klass
... für Kinder.	**... för barn** ... fö:r ba:rn
Bitte zwei Karten nach ...	**Två biljetter till ..., tack.** two: bill'jetter till ..., tack.
Eine Tagesrückfahrkarte nach ..., bitte.	**En biljett tur och retur inom ett dygn till ..., tack.** enn bill'jett tü:r o: re'tü:r inom ett dygn till ..., tack.
Bitte eine Platzkarte für den Zug um ... Uhr nach ...	**En biljett med platsreservering för tåget klockan ... till ..., tack.** enn bill'jett me: plats-reser'we:ring fö:r to:get klockan ... till ..., tack.
Gibt es ein Kinderabteil?	**Finns det någon barnkupé?** finns de: no:gon ba:rn-kü'pe:?
Gibt es im Zug etwas zu essen und zu trinken?	**Finns det något att äta och dricka på tåget?** finns de: no:got att ä:ta o: dricka po: to:get?
Ich möchte mein Fahrrad mitnehmen.	**Jag skulle vilja ta med min cykel.** ja: skülle wilja ta: me: minn syckel.

Auf dem Bahnhof

Bagage	Gepäck
Dricksvatten	Trinkwasser
Duschar	Duschen
Ej dricksvatten	Kein Trinkwasser
Förvaringsboxar	Schließfächer
Information	Auskunft
Järnvägsrestaurang	Bahnhofsgaststätte
Resgodsförvaring	Gepäckaufbewahrung
Resgodsinlämning	Gepäckannahme
Spår	Gleis
Till spåren	Zu den Bahnsteigen
Toaletter	Toiletten
Tvättrum	Waschräume
Utgång	Ausgang
Väntsal	Wartesaal

Im Zug

Ist dies der Zug nach ...?	Är det här tåget till ...? ä:r de: hä:r to:get till ...?
Könnten Sie mir bitte beim ... helfen?	Skulle du kunna hjälpa mig att ... skülle dü: künna jälpa mej att ...
... Einsteigen	... stiga på? ... sti:ga po:?
... Aussteigen	... stiga av? ... sti:ga a:w?
Ist dieser Platz frei?	Är den här platsen ledig? ä:r denn hä:r platsen le:dig?
Entschuldigen Sie, das ist mein Platz.	Ursäkta, men det här är min plats. ü:r'schäckta, menn de: hä:r ä:r minn plats.

Darf ich das Fenster ...	Får jag ... fönstret? fo:r ja: ... fönstret?
... öffnen?	... öppna ... öppna
... schließen?	... stänga ... stänga
Wie viele Stationen sind es noch bis ...?	Hur många stationer är det kvar till ...? hü:r monga sta'schu:ner ä:r de: kwa:r till ...?
Erreiche ich den Zug nach ... noch?	Hinner jag med tåget till ...? hinner ja: me: to:get till ...?

Weitere Wörter

Abfahrt .... avgång, -en a:w-gong
Abteil .... kupé, -n kü'pe:
ankommen .... ankomma ann-komma
Ankunft .... ankomst, -en ann-kommst
Anschluss .... anslutning, -en ann-slü:tning
Ausgang .... utgång, -en ü:t-gong
aussteigen .... stiga av sti:ga a:w
Bahnhof .... järnvägsstation, -en jä:rn-wä:gs-sta'schu:n
Bahnsteig .... plattform, -en platt-form
besetzt .... upptaget üpp-ta:get
einsteigen .... stiga på sti:ga po:
Fahrplan .... tidtabell, -en ti:d-ta'bell
Fahrpreis .... biljettpris, -et bill'jett-pri:s
Fensterplatz .... fönsterplats, -en fönster-plats
Gepäckwagen .... bagagekärra, -n ba'ga:sch-chärra
Gleis .... spår, -et spo:r
Klasse .... klass, -en klass
Liegewagen .... liggvagn, -en ligg-wagn

Platz	plats, -en plats
reserviert	reserverad reser'we:rad
Schaffner	konduktör, -en kondük'tö:r
Schlafwagen	sovvagn, -en so:w-wagn
Schließfächer	förvaringsboxar för'wa:rings-boksar
Speisewagen	restaurangvagn, -en restau'rang-wagn
umsteigen	byta tåg by:ta to:g
Waggon	vagn, -en wagn
Zuschlag	tillägg, -et till-lägg

Überlandbus

Von wo fahren die Überlandbusse nach ... ab?	Varifrån går expressbussarna till ...? wa:rifro:n go:r express-büssarna till ...?
Wie komme ich zum Busbahnhof?	Hur kommer jag till busstationen? hü:r kommer ja: till büss-sta'schu:nen?
Wann fährt der nächste Bus nach ...?	När avgår nästa buss till ...? nä:r a:w-go:r nästa büss till ...?
Bitte eine Karte nach ...	En biljett till ..., tack. enn bill'jett till ..., tack.
Bitte zwei Karten nach ...	Två biljetter till ..., tack. two: bill'jetter till ..., tack.
Ist dies der Bus nach ...?	Är det här bussen till ...? ä:r de: hä:r büssen till ...?
Wie lange haben wir Aufenthalt?	Hur länge stannar bussen? hü:r länge stannar büssen?

Wie lange dauert die Fahrt?	**Hur lång tid tar färden?** hü:r long ti:d ta:r färden?
Ist ... die Endhaltestelle?	**Är ... slutstationen?** ä:r ... slü:t-sta'schu:nen?
Sagen Sie mir bitte, wo ich aussteigen muss?	**Kan du vara snäll och säga till när jag måste stiga av?** kann dü: wa:ra snäll o: säija till nä:r ja: moste sti:ga a:w?

Schiff

Wann geht das nächste Schiff nach ...?	**När avgår nästa båt till ...?** nä:r a:w-go:r nästa bo:t till ...?
Wann geht die nächste Fähre nach ...?	**När avgår nästa färja till ...?** nä:r a:w-go:r nästa färja till ...?
Wie lange dauert die Überfahrt nach ...?	**Hur länge tar överfarten till ...?** hü:r länge ta:r ö:wer-fa:rten till ...?
Wann legen wir in ... an?	**När lägger vi till i ...?** nä:r lägger wi: till i ...?
Wann müssen wir an Bord sein?	**När måste vi vara ombord?** nä:r moste wi: wa:ra om'bur:d?
Ich möchte mein Auto mitnehmen.	**Jag vill ta med min bil.** ja: will ta: me: minn bi:l.

Bitte eine Schiffskarte erster Klasse nach ...	En båtbiljett i första klass till ..., tack. enn bo:t-bill'jett i förschta klass till ..., tack
Bitte eine Schiffskarte Touristenklasse nach ...	En båtbiljett i turistklass till ..., tack. enn bo:t-bill'jett i tü'rist-klass till ..., tack.
Ich möchte ...	Jag skulle vilja ha ... ja: skülle wilja ha: ...
... eine Einzelkabine.	... en enmanshytt. ... enn e:nmanns-hytt.
... eine Zweibettkabine.	... en tvåbäddshytt. ... enn two:bädds-hytt.
... eine Außenkabine.	... en ytterhytt. ... enn ytter'hytt.
... eine Innenkabine.	... en innerhytt. ... enn inner'hytt.
Eine Karte für die Rundfahrt um ... Uhr bitte.	En biljett till rundturen klockan ..., tack. enn bill'jett till rund-tü:ren klockan ..., tack.
An welcher Anlegestelle liegt die ...?	Vid vilken kajplats ligger ...? wi:d wilken kaiplats ligger ...?
Ich suche die Kabine Nummer ...	Jag letar efter hytt nummer ... ja:g le:tar efter hytt nümmer ...
Kann ich eine andere Kabine bekommen?	Kan jag få en annan hytt? kann ja: fo: enn annan hytt?
Haben Sie ein Mittel gegen Seekrankheit?	Har du något mot sjösjuka? ha:r dü: no:got mu:t schö:-schü:ka?

Weitere Wörter

Anlegestelle	kajplats, -en kaiplats
Autofähre	bilfärja, -n bi:l-färja
Deck	däck, -et däck
Kapitän	kapten, -en kap'te:n
Klimaanlage	luftkonditionering, -en lüft-kondischu'ne:ring
Kreuzfahrt	kryssning, -en kryssning
Küste	kust, -en küst
Landausflug	utflykt i land ü:t-flykt i land
Liegestuhl	vilstol, -en wi:l-sto:l
Luftkissenboot	svävare, -n swä:ware
Meer	hav, -et ha:w
Rettungsboot	livbåt, -en li:w-bo:t
Rettungsring	livboj, -en li:w-boj
Rundfahrt	rundtur, -en ründ-tü:r
Schiff	skepp, -et schepp
Schiffsarzt	skeppsläkare, -n schepps-'lä:kare
Schwimmweste	flytväst, -en fly:t-wäst
Seegang	sjögång, -en schö:-gong
seekrank	sjösjuk schö:-schü:k
Sonnendeck	soldäck, -et su:l-däck
Speisesaal	matsal, -en ma:t-sa:l
Steward	steward, -en stjuard
Überfahrt	överfart, -en ö:werfa:rt
Vierbettkabine	fyrbäddshytt, -en fy:rbädds-hytt

Auto & Motorrad

Vermietung

Ich möchte ... mieten.	Jag skulle vilja hyra ... ja: skülle wilja hy:ra ...
... ein Auto (mit Automatik)	... en bil (med automatväxel). ... enn bi:l (me: auto'ma:t-wäxel).
... einen Geländewagen	... en jeep. ... enn ji:p.
... ein Motorrad	... en motorcykel. ... enn mu:tor-syckel.
... ein Wohnmobil	... en husbil. ... enn hü:s-bi:l.

Das könnten Sie hören:

◂Skulle jag kunna få se ditt (internationella) körkort?
skülle ja: künna fo: se: ditt (internatschu'nella) chör-kurt?
Könnte ich bitte Ihren (internationalen) Führerschein sehen?

Ich möchte es für ... mieten.	Jag skulle vilja hyra den för ... ja: skülle wilja hy:ra denn fö:r ...
... morgen	... i morgon. ... i morron.
... einen Tag	... en dag. ... enn da:g.
... zwei Tage	... två dagar. ... two: da:gar.
... eine Woche	... en vecka. ... enn wecka.
Ich hätte gern einen Wagen mit Navi.	Jag skulle vilja ha en bil med navigator. ja: skülle wilja ha: enn bi:l me:d naviga:tor.
Wie viel kostet das?	Hur mycket kostar det? hü:r mycke kostar de:?

Wie viele Kilometer sind im Preis enthalten?	Hur många kilometer är inkluderade i priset? hü:r monga chi:lo'me:ter ä:r inklü'de:rade i pri:set?
Was muss ich tanken?	Vad måste jag tanka? wa:d moste ja: tanka?
Ist eine Vollkaskoversicherung eingeschlossen?	Ingår helförsäkring? inngo:r he:l-för'schä:kring?
Kann ich das Auto auch in ... abgeben?	Kan jag lämna tillbaka bilen i ... också? kann ja: lämna tillba:ka bi:len i ... ockso:?
Bis wann muss ich zurück sein?	När måste jag vara tillbaka? nä:r moste ja: wa:ra tillba:ka?
Haben Sie einen Kinderautositz?	Har du en bilbarnstol? ha:r dü: enn bi:l-ba:rn'stu:l?
Bitte geben Sie mir einen Sturzhelm.	Ge mig en hjälm, tack. je: mej enn jälm, tack.
Haben Sie eine Straßenkarte?	Finns det en karta över stan? finns de: enn ka:rta ö:ver sta:n?

Fragen nach dem Weg

Entschuldigung, wo ist ...?	Ursäkta, var ligger ...? ü:r'schäckta, wa:r ligger ...?
Wie komme ich nach ...?	Hur kommer jag till ...? hü:r kommer ja: till ...?
Können Sie mir das auf der Karte zeigen?	Skulle du kunna visa mig det på kartan? skülle dü: künna wi:sa mej de: po: ka:rtan?

Info

Entfernungen werden in Schweden oft in mil mi:l (Meilen) angegeben. Eine schwedische Meile beträgt 10 Kilometer.

Wie viele Minuten sind es mit dem Auto?	Hur många minuter tar det med bil? hü:r monga mi'nü:ter ta:r de: me: bi:l?
Wie weit ist es?	Hur långt är det? hü:r longt ä:r de:?
Ist das die Straße nach ...?	Är det här vägen till ...? ä:r de: hä:r wä:gen till ...?
Wie komme ich zur Autobahn nach ...?	Hur kommer jag till motorvägen till ...? hü:r kommer ja: till mu:tor-wä:gen till ...?

Das könnten Sie hören:

◂Jag är ledsen, det vet jag inte.
ja: ä:r lessen, de: we:t ja: inte.
Tut mir leid, das weiß ich nicht.

◂Den första gatan till vänster.
denn förschta ga:tan till vänster.
Die erste Straße links.

◂Den andra gatan till höger.
denn andra ga:tan till hö:ger.
Die zweite Straße rechts.

◂Vid nästa trafikljus ...
wi:d nästa tra'fi:k-jü:s ...
An der nächsten Ampel ...

◂ Vid nästa korsning ...
wi:d nästa korschning ...
An der nächsten Kreuzung ...

◂ Sedan kan du fråga en gång till.
se:dan kann dü: fro:ga enn gong till.
Dann fragen Sie noch einmal.

An der Tankstelle

Wo ist die nächste Tankstelle?	Var ligger närmaste bensinmack? wa:r ligger närmaste ben'si:n-mack?
Wie weit ist es zur nächsten Tankstelle?	Hur långt är det till närmäste bensinmack? hü:r longt ä:r de: till närmaste ben'si:n-mack?
Bitte volltanken.	Full tank, tack. füll tank, tack.
Bitte für ... Kronen ...	För ... kronor ..., tack. för ... kro:nor ..., tack.
... Super bleifrei.	... 95 blyfri ... nitti-fem bly:-fri:
... Super Plus bleifrei.	... 98 blyfri ... nitti-otta bly:fri:
... Diesel.	... diesel ... di:sel
... Zweitaktmischung.	... tvåtaktsbensin ... two:takts-ben'si:n
Ich möchte ... Öl.	Jag skulle vilja ha ... olja. ja: skülle wilja ha: ... olja.
... 1 Liter	... en liter ... enn li:ter
... 2 Liter	... två liter ... two: li:ter
Bitte einen Ölwechsel.	Var snäll och byt oljan. wa:r snäll o: by:t oljan.

Panne

Ich habe kein Benzin mehr.	Bensinen är slut. ben'si:nen ä:r slü:t.
Ich habe eine ...	Jag har ... ja: ha:r ...
... Reifenpanne.	... punktering. ... pünk'te:ring.
... Motorpanne.	... ett motorfel. ... ett mu:tor-fe:l.
Können Sie mir Starthilfe geben?	Skulle du kunna hjälpa mig att starta? skülle dü: künna jälpa mej att sta:rta?
Können Sie ...	Skulle du kunna ... skülle dü: künna ...
... mich ein Stück mitnehmen?	... låta mig åka med en bit? ... lo:ta mej o:ka me: enn bi:t?
... meinen Wagen abschleppen?	... bogsera bort min bil? ... bug'se:ra bo:rt minn bi:l?
... mir einen Abschleppwagen schicken?	... skicka efter en bärgningsbil? ... schicka efter enn bärjnings-bi:l?
Können Sie mir bitte ... leihen?	Kan du låna mig ...? kann dü: lo:na mej ...?

Werkzeug und Flickzeug

Draht	tråd, -en tro:d
Kabel	kabel, -n ka:bel
Kreuzschlüssel	fälgkors, -et fälj-korsch
Schmirgelpapier	sandpapper, -pappret sand-papper
Schraube	skruv, -en skrü:w
Schraubenschlüssel	skruvnyckel, -n skrü:w-nyckel
Schraubenzieher	skruvmejsel, -n skrü:w-meisel
Trichter	tratt, -en tratt

Wagenheber	domkraft, -en du:m-kraft
Werkzeug	verktyg, -et werk-ty:g
Zange	tång, -en tong

Unfall

Rufen Sie bitte schnell ...	Var snäll och ring ... wa:r snäll o: ring ...
... einen Krankenwagen!	... en ambulans! ... enn ambü'lans!
... die Polizei!	... polisen! ... po'li:sen!
... die Feuerwehr!	... brandkåren! ... brand-ko:ren!
Es ist ein Unfall passiert!	Det har hänt en olycka! de: ha:r hännt enn u:lycka!
... Personen sind (schwer) verletzt.	... personer är (allvarligt) skadade. ... per'schuner ä:r (all-wa:rlit) ska:dade.
Bitte helfen Sie mir.	Var snäll och hjälp mig. wa:r snäll o: jälp mej.
Ich brauche Verbandszeug.	Jag behöver förbandsartiklar. ja: be'hö:wer för'bands-ar'tiklar.
Es ist nicht meine Schuld.	Det var inte mitt fel. de: wa:r inte mitt fe:l.
Ich möchte, dass wir die Polizei holen.	Jag vill gärna att vi hämtar polisen. ja: will jä:rna att wi: hämmtar po'li:sen.
Ich hatte Vorfahrt.	Jag hade förkörsrätt. ja: hade fö:r-chörs-rätt.
Sie sind zu dicht aufgefahren.	Du körde alldeles för nära. dü: chörde alldeles fö:r nä:ra.

Sie sind zu schnell gefahren.	**Du körde alldeles för fort.** dü: chörde alldeles fö:r fu:rt.
Bitte geben Sie mir Ihre Versicherung und Ihre Versicherungsnummer.	**Var snäll och ge mig dina försäkringspapper.** wa:r snäll o: je: mej di:na för'schä:krings-papper.
Bitte geben Sie mir Ihren Namen und Ihre Adresse.	**Var snäll och ge mig ditt namn och din adress.** wa:r snäll o: je: mej ditt namn o: dinn a'dress.
Können Sie eine Zeugenaussage machen?	**Kan du avlägga vittnesmål?** kann dü: a:w-lägga wittnes-mo:l?

In der Werkstatt

Wo ist die nächste Werkstatt?	**Var ligger närmaste verkstad?** wa:r ligger närmaste werk-sta:d?
Mein Wagen steht (an der Straße nach) ...	**Min bil står (vid vägen till) ...** minn bi:l sto:r (wi:d wä:gen till) ...
Können Sie ihn abschleppen?	**Kan du bogsera bort den?** kann dü: bug'se:ra bo:rt denn?
Können Sie mal nachsehen?	**Skulle du kunna titta efter?** skülle dü: künna titta efter?
... funktioniert nicht.	**... fungerar inte.** ... fün'ge:rar inte.
Mein Auto springt nicht an.	**Min bil startar inte.** minn bi:l sta:rtar inte.
Die Batterie ist leer.	**Batteriet är slut.** batte'ri:et ä:r slü:t.

Der Motor klingt merkwürdig.	**Motorn låter konstigt.** mu:torn lo:ter konstit.
Der Motor zieht nicht.	**Motorn spinner inte.** mu:torn spinner inte.
Kann ich mit dem Auto noch fahren?	**Kan jag fortfarande köra med bilen?** kann ja: fu:rt-fa:rande chöra me: bi:len?
Machen Sie bitte nur die nötigsten Reparaturen.	**Gör bara de nödvändigaste reparationerna, tack.** jö:r ba:ra domm nö:d-wändigaste repara'schu:nerna, tack.
Wie viel wird die Reparatur ungefähr kosten?	**Ungefär hur mycket kommer reparationen att kosta?** ünjefä:r hü:r mycke kommer repara'schu:nen att kosta?
Wann ist es fertig?	**När är den färdig?** nä:r ä:r denn fä:rdi?

Weitere Wörter

Abschleppseil .... **bogserlina, -n** bug'se:r-li:na
Anlasser .... **startmotor, -n** start-mu:tor
Auffahrunfall .... **påkörningsolycka, -n** po:-chörnings-u:lycka
Auspuff .... **avgasrör, -et** a:w-ga:s-rör
auswechseln .... **byta ut** by:ta ü:t
Autobahn .... **motorväg, -en** mu:tor-wä:g
Autobahnauffahrt .... **motorvägspåfart, -en** mu:tor-wä:gs-po:-fa:rt
Autoschlüssel .... **bilnyckel, -n** bi:l-nyckel
Batterie .... **batteri, -et** batteri:

Benzinkanister	bensindunk, -en ben'si:n-dünk
Bremse	broms, -en broms
Bremsflüssigkeit	bromsvätska, -n broms-wätska
Bremslicht	bromsljus, -et broms-jü:s
Dichtung	tätning, -en tä:tning
Ersatzreifen	reservdäck, -et re'serw-däck
Ersatzteil	reservdel, -en re'serw-de:l
fahren *(ein Auto steuern)*	köra chöra
Feuerlöscher	brandsläckare, -n brand-släckare
Frostschutzmittel	frostskyddsmedel, -medlet frost-schydds-me:del
Führerschein	körkort, -et chör-kurt
Gang	växel, -n wäksel
Gangschaltung	växellåda, -n wäksel-lo:da
Gepäckträger	takräcke, -t ta:k-räcke
Getriebe	växellåda, -n wäksel-lo:da
Glühbirne	glödlampa, -n glö:d-lampa
grüne Versicherungskarte	grönt försäkringskort grö:nt för'schä:krings-kurt
Handbremse	handbroms, -en hand-broms
Heizung	värme, -n wärme
Helm	hjälm, -en jälm
Hupe	tuta, -n tü:ta
kaputt	trasig tra:si
Katalysator	katalysator, -n kataly'sa:tor
Keilriemen	fläktrem, -men fläckt-remm
Kfz-Schein	registreringshandlingar rejis'tre:rings-handlingar
Kilometer	kilometer, -n chi:lo'me:ter
Kindersitz	bilbarnstol, -en bi:l-ba:rn'stu:l
Klimaanlage	luftkonditionering, -en lüft-kondischu'ne:ring
Kotflügel	stänkskärm, -en stänk-schärm

Kühler	kylare, -n chy:lare
Kühlwasser	kylvatten, -vattnet chy:l-watten
Kupplung	koppling, -en koppling
Kurve	kurva, -n kürwa
Lack	lack, -en lack
Landstraße	landsväg, -en lands-wä:g
Leerlauf	tomgång, -en tu:m-gong
Lenkung	styrning, -en sty:rning
Licht	ljus, -et jü:s
Lichtmaschine	generator, -n jene'ra:tor
Luftfilter	luftfilter, -filtret lüft-filter
Maut(stelle)	vägtull, -en wä:g-tüll
Motor	motor, -n mu:tor
Motorhaube	motorhuv, -en mu:tor-hü:w
Motoröl	motorolja, -n mu:tor-olja
Motorrad	motorcykel, -n mu:tor-syckel
Navigationssystem	navigationssystem, -et naviga'schu:ns-syste:m
Ölwechsel	oljebyte, -t olje-by:te
parken	parkera par'ke:ra
Parkhaus	parkeringshus, -et par'ke:rings-hü:s
Parkplatz	parkeringsplats, -en par'ke:rings-plats
Parkscheibe	p-skiva, -n pe:-schi:wa
Parkuhr	parkeringsmätare, -n par'ke:rings-mä:tare
Parkverbot	parkeringsförbud, -et par'ke:rings-för'bü:d
Rad	hjul, -et jü:l
Raststätte	rastplats, -en rastplats
Reifen	däck, -et däck
Reifendruck	lufttryck i däcket lüft-tryck i: däcket
Reparatur	reparation, -en repara'schu:n
reparieren	reparera repa're:ra
Reservekanister	reservdunk, -en re'serw-dünk
Reservereifen	reservdäck, -et re'serw-däck

Rücklicht	bakljus, -et ba:k-jü:s
Rückspiegel	backspegel, -n back-spe:gel
Schalter	knapp, -en knapp
Scheibenwischer	vindrutetorkare, -n wind-rü:te-torkare
Scheibenwischer-blätter	torkarblad torkar-bla:d
Scheinwerfer	strålkastare, -n stro:l-kastare
Schiebedach	taklucka, -n ta:k-lücka
Schneeketten	snökedjor snö:-che:djur
Schutzbrief	försäkringsbrev, -et för'schä:krings-bre:w
Sicherheitsgurt	säkerhetsbälte, -t sä:kerhe:ts-bälte
Sicherung	säkring, -en sä:kring
Spiegel	spegel, -n spe:gel
Starter	startmotor, -n start-mu:tor
Starthilfekabel	startkabel, -n start-ka:bel
Stoßdämpfer	stötdämpare, -n stö:t-dämpare
Stoßstange	stötfångare, -n stö:t-fongare
Tachometer	hastighetsmätare, -n hasti'hets-mä:tare
Tankstelle	bensinmack, -en ben'si:n-mack
Unfall	olycka, -n u:lycka
Unfallprotokoll	olycksrapport, -en u:lycks-ra'pport
Ventil	ventil, -en wen'ti:l
Verbandskasten	förbandslåda, -n för'bands-lo:da
Vergaser	förgasare, -n för'ga:sare
Vorfahrt	förkörsrätt, -en fö:r-chörs-rätt
Warndreieck	varningstriangel, -n wa:rnings-tri'angel
Werkstatt	verkstad, -en werk-sta:d
Wohnmobil	husbil, -en hü:s-bi:l
Zeuge	vittne, -t wittne
Zündkabel	tändkabel, -n tänd-ka:bel
Zündkerze	tändstift, -et tänd-stift
Zündung	tändning, -en tändning
Zusammenstoß	krock, -en krock

Erste Kontakte

... die wichtigsten Sätze

Guten Tag!	God dag! gu: da:!
Guten Abend!	God kväll! gu: kwäll!
Hallo!	Hej! hej!
Tschüs!	Hejdå! hejdo:!
Wie geht's?	Hur är det? hü:r ä:r de:?
Danke, gut. ▸ *Sich begrüßen, S. 51*	Tack, bra. tack, bra:.
Wie heißen Sie?	Vad heter du? wa: he:ter dü:?
Ich heiße ...	Jag heter ... ja: he:ter ...
Treffen wir uns heute Abend?	Ses vi i kväll? se:s wi: i: kwäll?
Sehr gerne.	Ja gärna. ja: jä:rna.
Vielleicht.	Kanske. kansche.
Es tut mir leid, aber ich kann nicht. ▸ *Sich kennenlernen, S. 52*	Jag är ledsen, men jag kan inte. ja: ä:r lessen, men ja: kann inte.

Sprechen Sie Deutsch?	**Pratar du tyska?**	pra:tar dü: tyska?
Haben Sie verstanden?	**Förstår du?**	för'schto:r dü:?
Sprechen Sie bitte etwas langsamer.	**Kan du prata lite långsammare, är du snäll?**	kann dü: pra:ta li:te long-sammare, ä:r dü: snäll?
Ich habe das nicht verstanden. ▸ *Sich verständigen, S. 50*	**Jag förstår inte.**	ja: för'schto:r inte.
Vielen Dank.	**Tack så mycket.**	tack so: mycke.
Bitte, ...	**Var snäll och ...**	wa:r snäll o: ...
Danke, gerne.	**Tack, gärna.**	tack, jä:rna.
Entschuldigen Sie!	**Ursäkta mig!**	ü:r'schäckta mej!
Können Sie mir bitte helfen?	**Kan du hjälpa mig, är du snäll?**	kann dü: jälpa mej, ä:r dü: snäll?
Wie schade!	**Vad tråkigt!**	wa:d tro:kit!
Das gefällt mir.	**Det tycker jag om.**	de: tycker ja: omm.
Das gefällt mir nicht. ▸ *Höfliche Wendungen, S. 57*	**Det tycker jag inte om.**	de: tycker ja: inte omm.

Sich verständigen

Sprechen Sie Deutsch?	Pratar du tyska? pra:tar dü: tyska?
Spricht hier jemand ...	Talar någon här ... ta:lar no:gon hä:r ...
... Deutsch?	... tyska? ... tyska?
... Englisch?	... engelska? ... engelska?
Haben Sie verstanden?	Förstår du? för'schto:r dü:?
Ich habe verstanden.	Jag förstår. ja: för'schto:r.
Ich habe das nicht verstanden.	Jag förstår inte. ja: för'schto:r inte.
Sprechen Sie bitte etwas langsamer.	Kan du prata lite långsammare, är du snäll? kann dü: pra:ta li:te long-sammare, ä:r dü: snäll?
Könnten Sie das bitte wiederholen?	Kan du säga det en gång till, är du snäll? kann dü: säija de: enn gong till, ä:r dü: snäll?
Wie heißt das auf Schwedisch?	Vad heter det på svenska? wa: he:ter de: po: swenska?
Was bedeutet ...?	Vad betyder ...? wa: be'ty:der ...?
Könnten Sie es mir bitte aufschreiben?	Kan du skriva upp det till mig, är du snäll? kann dü: skri:wa üpp de: till mej, ä:r dü: snäll?

Sich begrüßen

Guten Tag!	God dag! gu: da:!
Guten Abend!	God kväll! gu: kwäll!
Gute Nacht!	God natt! gu: natt!
Hallo!	Hej! hej!
Wie geht es Ihnen | dir?	Hur mår du? hü:r mo:r dü:?
Wie geht's?	Hur är det? hü:r ä:r de:?
Danke, gut. Und Ihnen | dir?	Tack, bra. Och med dig? tack, bra:. o: me: dej?
Schönen Tag noch!	Ha en bra dag! ha: enn bra: da:!
Einen schönen Abend!	Ha en trevlig kväll! ha: enn tre:wli kwäll!
Schönes Wochenende!	Trevlig helg! tre:wli helj!
Es tut mir leid, aber ich muss jetzt gehen.	Jag är ledsen, men jag måste gå nu. ja: ä:r lessen, menn ja: moste go: nü:.

fo

Unabhängig vom Alter der Person und der Tageszeit begrüßt man sich mit hej. Umgangssprachlich sind auch hej hej, tjena sche:na (Hi) oder hejsan hejsan (Hallo) üblich. Eine Unterhaltung beginnt man oft mit Hur är det? hü:r ä:r de:? (Wie geht's?). Geantwortet wird mit Bra, tack bra:, tack (Gut, danke). Zum Abschied heißt es meist hejdå! hejdo:! (Tschüs!) oder vi ses! vi: se:s! (Bis bald!).

Auf Wiedersehen!	Hejdå! hejdo:!
Bis bald!	Vi ses! wi: se:s!
Tschüs!	Hejdå! hejdo:!
Schön, Sie | dich kennengelernt zu haben.	Det var trevligt att träffas. de: wa:r tre:wligt att träffas.
Vielen Dank für den netten ...	Tack så mycket för ... tack so: mycke för ...
... Abend.	... i kväll. ... i: kwäll.
... Tag.	... i dag. ... i: da:.
Gute Reise!	Trevlig resa! tre:wli re:sa!

Sich kennenlernen

Sich bekannt machen

Wie heißen Sie | heißt du?	Vad heter du? wa: he:ter dü:?
Ich heiße ...	Jag heter ... ja: he:ter ...
Darf ich Ihnen ... vorstellen?	Får jag presentera ... fo:r ja: presen'te:ra ...
... meinen Mann	... min man? ... minn mann?
... meine Frau	... min fru? ... minn frü:?
... meinen Freund	... min pojkvän? ... minn pojk-wänn?
... meine Freundin	... min flickvän? ... minn flick-wänn?

Woher kommen Sie | kommst du?	**Varifrån kommer du?** wa:ri-fro:n kommer dü:?
Ich komme aus ...	**Jag kommer från ...** ja: kommer fron ...
... Deutschland.	**... Tyskland.** ... tysk-land.
... Österreich.	**... Österrike.** ... öster-ri:ke.
... der Schweiz.	**... Schweiz.** ... schwejts.
Wie alt sind Sie | bist du?	**Hur gammal är du?** hü:r gammal ä:r dü:?
Ich bin ... Jahre alt.	**Jag är ... år gammal.** ja: ä:r ... o:r gammal.
Sind Sie | Bist du verheiratet?	**Är du gift?** ä:r dü: jift?
Ich bin ...	**Jag är ...** ja: ä:r ...
... ledig.	**... ogift.** ... u:jift.
... verheiratet.	**... gift.** ... jift.
... geschieden.	**... skild.** ... schild.
Ich lebe getrennt.	**Jag lever separerad.** ja: le:ver sepa're:rad.
Haben Sie | Hast du Kinder?	**Har du barn?** ha:r dü: ba:rn?
Was machen Sie | machst du beruflich?	**Vad jobbar du med?** wa: jobbar dü: me:?
Ich bin ...	**Jag är ...** ja: ä:r ...

Sich verabreden

Treffen wir uns ...	**Ses vi ...** se:s wi: ...
... heute Abend?	**... i kväll?** ... i: kwäll?
... morgen?	**... i morgon?** ... i: morron?
Wollen wir heute Abend zusammen essen? ▸*Gemeinsam essen, S. 103*	**Ska vi gå ut och äta tillsammans i kväll?** ska: wi: go: ü:t o: ä:ta till'sammans i: kwäll?
Ich möchte Sie | dich einladen.	**Jag vill gärna bjuda dig.** ja: will jä:rna bjü:da dej.
Möchten Sie | Möchtest du tanzen gehen?	**Vill du gå ut och dansa?** will dü: go: ü:t o: dansa?
Wie ist Ihre ...	**Vad är ...** wa: ä:r ...
... Handynummer?	**... ditt mobilnummer?** ... ditt mo'bil-nümmer?
... E-Mail-Adresse?	**... din epost-adress?** ... dinn e:-post-a'dress?
Wann treffen wir uns?	**När ska vi träffas?** nä:r ska: wi: träffas?
Wo treffen wir uns?	**Var ska vi träffas?** wa:r ska: wi: träffas?
Treffen wir uns doch um ... Uhr.	**Ska vi träffas klockan ...?** ska: wi: träffas klockan ...?
Ich hole Sie | dich um ... Uhr ab.	**Jag hämtar dig klockan ....** ja: hämmtar dej klockan ....
Ich bringe Sie | dich nach Hause.	**Jag följer dig hem.** ja: följer dej hemm.

Ich bringe Sie zur Bushaltestelle.	Jag följer dig till busshållplatsen. ja: följer dej till büss-holl-platsen.
Sehen wir uns noch einmal?	Ses vi igen? se:s wi: i'jenn?
Sehr gerne.	Ja gärna. ja: jä:rna.
In Ordnung.	Okej. okej.
Ich weiß noch nicht.	Det vet jag inte än. de: we:t ja: inte änn.
Vielleicht.	Kanske. kansche.
Es tut mir leid, aber ich kann nicht.	Jag är ledsen, men jag kan inte. ja: ä:r lessen, men ja: kann inte.
Ich habe schon etwas vor.	Jag är redan upptagen. ja: ä:r re:dan üpp-ta:gen.

Flirten

Sind Sie | Bist du alleine hier?	Är du här ensam? ä:r dü: hä:r ensamm?
Darf ich mich zu Ihnen | dir setzen?	Får jag sätta mig här? fo:r ja: sätta mej hä:r?
Sehr gerne.	Ja gärna. ja: jä:rna.
Ich warte auf jemanden.	Jag väntar på någon. ja: wäntar po: no:gon.
Ich bin mit ... hier.	Jag är här med .... ja: ä:r hä:r me: ....
Lassen Sie mich in Ruhe!	Låt mig vara i fred! lo:t mej wa:ra i fre:d!
Verschwinde!	Stick! stick!

Hast du ...	Har du ... ha:r dü: ...
... einen Freund?	... pojkvän? ... pojk-wänn?
... eine Freundin?	... flickvän? ... flick-wänn?
Du bist wunderschön.	Du är väldigt vacker. dü: ä:r wä:ldit wacker.
Du hast wunderschöne ...	Du har väldigt ... dü: ha:r wä:ldit ...
... Haare.	... fint hår. ... fi:nt ho:r.
... Augen.	... fina ögon. ... fi:na ö:gon.
Du gefällst mir sehr.	Jag tycker mycket om dig. ja: tycker mycke omm dej.
Ich bin gerne mit dir zusammen.	Jag tycker om att vara tillsammans med dig. ja: tycker omm att wa:ra till'sammans me: dej.
Kommst du mit zu mir?	Följer du med mig hem? följer dü: me: mej hemm?
Ich mag dich.	Jag tycker om dig. ja: tycker omm dej.
Ich liebe dich.	Jag älskar dig. ja: älskar dej.
Ich möchte mit dir schlafen.	Jag skulle vilja ha sex med dig. ja: skülle wilja ha: seks me: dej.
Aber nur mit Kondom.	Men bara med kondom. menn ba:ra me: kon'do:m.
Wann sehen wir uns wieder?	När ses vi igen? nä:r se:s wi: i'jenn?

Höfliche Wendungen

Sehr gut!	**Mycket bra!** mycke bra:!
Großartig!	**Toppen!** toppen!
Das gefällt mir.	**Det tycker jag om.** de: tycker ja: omm.
Ich bin sehr zufrieden!	**Jag är mycket nöjd!** ja: ä:r mycke nöjd!
Es ist sehr schön hier.	**Det är väldigt vackert här.** de: ä:r wä:ldit vackert hä:r.
Sehr gerne.	**Gärna.** jä:rna.
Wie schade!	**Vad tråkigt!** wa:d tro:kit!
Das ist mir egal.	**Det kvittar för mig.** de: kwittar för mej.
Ich würde lieber ...	**Jag vill hellre ...** ja: will hellre ...
Das gefällt mir nicht.	**Det tycker jag inte om.** de: tycker ja: inte omm.
Das möchte ich lieber nicht.	**Det vill jag inte.** de: will ja: inte.

Info

Höflichkeit spielt in Schweden eine große Rolle, deshalb wird oft Bitte und Danke gesagt. Am häufigsten sind **tack** tack (Danke) oder **tack så mycket** tack so: mycke (Vielen Dank). Ein angehängtes **tack** kann aber auch *bitte* bedeuten, zum Beispiel wenn man etwas bestellt: **En kaffe, tack!** (Einen Kaffee, bitte!). Die höfliche Art Bitte zu sagen ist **Var snäll och ...** war snäll o: ... (Bitte, ...) am Anfang des Satzes oder **..., är du snäll** ..., ä:r dü: snäll (..., bitte) am Satzende.

Auf keinen Fall.	Absolut inte. abso'lüt inte.
Das ist sehr ärgerlich.	Det är mycket irriterande. de: ä:r mycke irri'te:rande.
Vielen Dank.	Tack så mycket. tack so: mycke.
Darf ich?	Får jag? fo:r ja:?
Bitte, ...	Var snäll och ... wa:r snäll o: ...
Danke, gerne.	Tack, gärna. tack, jä:rna.
Nein, danke.	Nej, tack. nej, tack.
Können Sie mir bitte helfen?	Kan du hjälpa mig, är du snäll? kann dü: jälpa mej, ä:r dü: snäll?
Vielen Dank, das ist sehr nett von Ihnen.	Tack så mycket, det är mycket snällt av dig. tack so: mycke, de: ä:r mycke snällt a:w dej.
Vielen Dank für Ihre Hilfe.	Tack för hjälpen. tack fö:r jälpen.
Gern geschehen.	Det var så lite. de: war so: li:te.
Ja, gerne.	Ja, gärna. ja, jä:rna.
Keine Ursache.	Ingen orsak. ingen u:r-scha:k.
Entschuldigen Sie!	Ursäkta mig! ü:r'schäckta mej!
Das tut mir leid.	Jag är ledsen. ja: ä:r lessen.
Tut mir leid, dass ich mich verspätet habe.	Jag är ledsen att jag kommer försent. ja: ä:r lessen att ja: kommer för'sche:nt.
Macht nichts!	Det gör inget! de: jö:r inget!

Das ist mir sehr unangenehm.	Det här känns jobbigt. de: hä:r chänns jobbit.
Das war ein Missverständnis.	Det var ett missförstånd. de: wa:r ett miss-för'schtond.

Weitere Wörter

Adresse	adress, -en a'dress
allein	ensam ensamm
Beruf	yrke, -t yrke
bitte	snälla snälla
Bruder	bror, brodern bru:r
danke	tack tack
einladen *(zum Essen, Getränk)*	bjuda bjü:da
erfreut	trevligt tre:wlit
essen gehen	gå ut och äta go: ü:t o: ä:ta
Foto	foto, -t fu:to
Frau *(Ehefrau)*	fru, -n frü:
Frau *(allg.)*	kvinna, -n kvinna
Freund *(allg.)*	vän, -nen wänn
Freund *(Partner)*	pojkvän, -nen pojk-wänn
Freundin *(allg.)*	väninna, -n wänn'inna
Freundin *(Partnerin)*	flickvän, -nen flick-wänn
Geschwister	syskon, -et syskon
heißen	heta he:ta
ich heiße	jag heter ja: he:ter
Junge	pojke, -n pojke
kennenlernen	lära känna lä:ra chänna
Kind	barn, -et ba:rn
kommen aus	komma ifrån komma ifro:n
Kondom	kondom, -en kon'do:m
Land	land, -et land

langsam	långsam longsam
Mädchen	flicka, -n flicka
Mann	man, -nen mann
mögen	tycka om tycka omm
Mutter	mor, modern mu:r
Schule	skola, -n sku:la
Schwester	syster, -n syster
Sohn	son, -en so:n
sprechen	prata pra:ta
Stadt	stad, -en sta:d
Student(in)	student, -en stü'dent
studieren	studera stü'de:ra
tanzen gehen	gå ut och dansa go: ü:t o: dansa
Tochter	dotter, -n dotter
sich treffen	träffas träffas
Urlaub	semester, -n se'mester
Vater	far, fadern fa:r
verheiratet	gift jift
verlobt	förlovad för-lo:wad
Verlobte	fästmö, -n fäst-mö:
Verlobter	fästman, -nen fäst-mann
sich verabreden	bestämma träff be'stämma träff
verstehen	förstå för'schto:
warten	vänta wänta
wenig	lite li:te
wiederholen	upprepa üpp-re:pa
wiederkommen	komma tillbaka komma till'ba:ka
wiedersehen	ses igen se:s i'jenn

Übernachten

... die wichtigsten Sätze

Haben Sie ein Doppelzimmer frei?
Har ni ett ledigt dubbelrum?
ha:r ni: ett le:dit dübbel-rümm?

Wie viel kostet es?
Hur mycket kostar det?
hü:r mycke kostar de:?

Kann ich mir das Zimmer ansehen?
Kan jag få titta på rummet?
kann ja: fo: titta po: rümmet?

Es ist sehr schön. Ich nehme es.
Det är fint. Det tar jag.
de: ä:r fi:nt. de: ta:r ja:.

Gibt es WLAN auf den Zimmern?
Finns det WI-FI på rummen?
finns de: wai-fai po: rümmen?

Wo können wir das Auto abstellen?
Var kan vi parkera bilen?
wa:r kann wi: par'ke:ra bi:len?

Wann gibt es Frühstück?
När serveras frukosten?
nä:r ser'we:ras frü-kosten?

Bitte den Schlüssel für Zimmer ...
Kan jag få nyckeln till rum ...
kann ja: fo: nyckeln till rümm ...

Wecken Sie mich bitte (morgen) um ... Uhr.

Var snäll och väck mig (i morgon) klockan ...

wa:r snäll o: wäck mej (i morron) klockan ...

Machen Sie bitte die Rechnung fertig.

Kan du skriva ut räkningen, är du snäll?

kann dü: skri:wa ü:t rä:kningen, ä:r dü: snäll?

Es war sehr schön hier.

▸ *Hotel, S. 64*

Det var mycket trevligt här.

de: wa:r mycke tre:wlit hä:r.

Wir haben die Wohnung ... gemietet.

Vi har hyrt lägenhet ...

wi: ha:r hy:rt lä:genhe:t ...

Wo bekommen wir die Schlüssel?

▸ *Ferienwohnung, S. 70*

Var kan vi få nycklarna?

wa:r kann wi: fo: nycklarna?

Wo können wir unser Zelt aufstellen?

Var kan vi sätta upp vårt tält?

wa:r kann wi: sätta üpp wo:rt tält?

Wo sind die Waschräume?

Var är tvättrummen?

wa:r ä:r twätt-rümmen?

Gibt es hier Stromanschluss?

▸ *Camping, S. 71*

Finns det något eluttag här?

finns de: no:got e:l-ü:t-ta:g hä:r?

Hotel

Ankunft

Ich habe ein Zimmer reserviert auf den Namen ...	Jag har bokat ett rum på namnet ... ja: ha:r bu:kat ett rümm po: namnet ...
Haben Sie ein Einzelzimmer frei?	Har ni ett ledigt enkelrum? ha:r ni: ett le:dit enkel-rümm?
Haben Sie ein Doppelzimmer frei ...	Har ni ett ledigt dubbelrum ... ha:r ni: ett le:dit dübbel-rümm ...
... für eine Nacht?	... för en natt? ... för enn natt?
... für ... Nächte?	... för ... nätter? ... för ... nätter?
... mit Bad?	... med bad? ... me: ba:d?
... mit Dusche?	... med dusch? ... me: düsch?
... mit Balkon?	... med balkong? ... me: bal'kong?
... mit Klimaanlage?	... med luftkonditionering? ... me: lüft-kondischu'ne:ring?
... mit Ventilator?	... med fläkt? ... me: fläckt?
... mit Blick aufs Meer?	... med havsutsikt? ... me: haffs-ü:t'sickt?
... nach hinten hinaus?	... mot gården? ... mu:t go:rden?

Das könnten Sie hören:

◂Vi är tyvärr fullbokade.
wi: ä:r ty'värr füll-bu:kade.
Wir sind leider ausgebucht.

◂I morgon blir ett rum ledigt.
i morron bli:r ett rümm le:dit.
Morgen wird ein Zimmer frei.

◂Den ... blir ett rum ledigt.
den ... bli:r ett rümm le:dit.
Am ... wird ein Zimmer frei.

Wie viel kostet es ...	Hur mycket kostar det ... hü:r mycke kostar de: ...
... mit Frühstück?	... med frukost? ... me: frü-kost?
... ohne Frühstück?	... utan frukost? ... ü:tan frü-kost?
... mit Halbpension?	... med halvpension? ... me: halw-pan'schu:n?
... mit Vollpension?	... med helpension? ... me: he:l-pan'schu:n?
Gibt es für ... Nächte eine Ermäßigung?	Får man rabatt för ... nätter? fo:r mann ra'batt fö:r ... nätter?
Gibt es WLAN auf den Zimmern?	Finns det WI-FI på rummen? finns de: wai-fai po: rümmen?

fo

Schwedische Hotels (hotell ho'tell) bieten guten Service und Unterkunft mit hohem Standard. Oft sind sie modern und im schwedischen Design eingerichtet. Bis auf wenige Ausnahmen stellen alle Hotels kostenloses WLAN (WI-FI) zur Verfügung. Falls Sie getrennte Betten haben wollen, fragen Sie nach separata sängar separa:ta sängar. Alternativ können Sie auch in Ferienwohnungen (semesterlägenhet se'mester-lä:genhe:t) oder Privatunterkünften (uthyrningsrum ü:t-hy:rnings-rümm) unterkommen.

Gibt es hier eine Internet-Ecke?	Finns det en internethörna här? finns de: enn internet-hö:rna hä:r?
Brauche ich ein Passwort?	Behöver jag ett lösenord? be'hö:wer ja: ett lö:sen-urd?
Kann ich mir das Zimmer ansehen?	Kan jag få titta på rummet? kann ja: fo: titta po: rümmet?
Haben Sie noch ein anderes Zimmer?	Finns det ett annat rum? finns de: ett annat rümm?
Es ist sehr schön. Ich nehme es.	Det är fint. Det tar jag. de: ä:r fi:nt. de: ta:r ja:.
Könnten Sie ein zusätzliches Bett aufstellen?	Skulle du kunna ställa in en säng till? skülle dü: künna ställa inn enn säng till?
Könnten Sie ein Kinderbett aufstellen?	Skulle du kunna ställa in en barnsäng? skülle dü: künna ställa inn enn ba:rn-säng?
Können Sie mein Gepäck aufs Zimmer bringen?	Kan du bära upp mitt bagage på rummet? kann dü: bä:ra üpp mitt ba'ga:sch po: rümmet?
Wo ist das Bad?	Var ligger badrummet? wa:r ligger ba:d-rümmet?
Wo kann ich meinen Wagen abstellen?	Var kan jag parkera bilen? wa:r kann ja: par'ke:ra bi:len?
Wann gibt es Frühstück?	När serveras frukosten? nä:r ser'we:ras frü-kosten?

Wo ist der ...	Var ligger ... wa:r ligger ...
... Speisesaal?	... matsalen? ... ma:t-sa:len?
... Frühstücksraum?	... frukostmatsalen? ... frü-kost-ma:t-sa:len?
Gibt es eine Kinderbetreuung?	Finns det någon barnpassning? finns de: no:gon ba:rn-passning?
Haben Sie ein Hotelkärtchen für mich?	Har du ett hotellkort åt mig? ha:r dü: ett ho'tell-kurt o:t mej?

Service

Bitte den Schlüssel für Zimmer ...	Kan jag få nyckeln till rum ... kann ja: fo: nyckeln till rümm ...
Ist eine Nachricht für mich da?	Har jag fått något meddelande? ha:r ja: fott no:got me:d-de:lande?
Kann ich Ihnen meine Wertsachen zur Aufbewahrung geben?	Kan du låsa in mina värdesaker? kann dü: lo:sa inn mi:na wä:rde-sa:ker?
Ich möchte meine Wertsachen abholen.	Jag skulle vilja hämta mina värdesaker. ja: skülle wilja hämmta mi:na wärde-sa:ker.
Kann ich bitte noch ... haben?	Kan jag få ... till, tack? kann ja: fo: ... till, tack?
... eine Decke	... ett täcke ... ett täcke
... ein Handtuch	... en handduk ... enn hand-dü:k
... ein paar Kleiderbügel	... några klädhängare ... no:gra klä:d-hängare
... ein Kopfkissen	... en kudde ... enn küdde

Meine Tür lässt sich nicht abschließen.	**Det går inte att låsa min dörr.** de: go:r inte att lo:sa minn dörr.
Das Fenster geht nicht ...	**Det går inte att ... fönstret.** de: go:r inte att ... fönstret.
... auf.	**... öppna** ... öppna
... zu.	**... stänga** ... stänga
Es kommt kein (warmes) Wasser.	**Det kommer inget (varmt) vatten.** de: kommer inget (warmt) watten.
Der Wasserhahn tropft.	**Kranen droppar.** kra:nen droppar.
Der Abfluss ist verstopft.	**Det är stopp i avloppet.** de: ä:r stopp i a:w-loppet.
Die Toilette ist verstopft.	**Det är stopp i toaletten** de: ä:r stopp i toa'letten.
... ist schmutzig.	**... är smutsig.** ... ä:r smütsi.
... funktioniert nicht.	**... fungerar inte.** ... fün'ge:rar inte.
Ich habe mich aus meinem Zimmer ausgesperrt.	**Jag har låst mig ute från mitt rum.** ja: ha:r lo:st mej ü:te fro:n mitt rümm.

Abreise

Wecken Sie mich bitte (morgen) um ... Uhr.	Var snäll och väck mig (i morgon) klockan ... wa:r snäll o: wäck mej (i morron) klockan ...
Wir reisen morgen ab.	Vi avreser i morgon. wi: a:w-re:ser i morron.
Machen Sie bitte die Rechnung fertig.	Kan du skriva ut räkningen, är du snäll? kann dü: skri:wa ü:t rä:kningen, ä:r dü: snäll?
Kann ich mit ... zahlen?	Kan jag betala med ... kann ja: be'ta:la me: ...
... EC-Karte	... elektronkort? ... elek'tron-kurt?
... Kreditkarte	... kreditkort? ... kre'di:t-kurt?
Es war sehr schön hier.	Det var mycket trevligt här. de: wa:r mycke tre:wlit hä:r.
Bis wann muss man auschecken?	Hur dags måste man checka ut? hü:r daks moste mann checka ü:t?
Kann ich später auschecken?	Kan jag checka ut senare? kann ja: checka ü:t se:nare?
Kann ich mein Gepäck noch bis ... Uhr hierlassen?	Kan jag lämna mitt bagage här till klockan ...? kann ja: lämna mitt ba'ga:sch hä:r till klockan ...?
Rufen Sie bitte ein Taxi.	Kan du ringa efter en taxi, är du snäll? kann dü: ringa efter enn taxi, ä:r dü: snäll?

Ferienwohnung

Wir haben die Wohnung ... gemietet.	**Vi har hyrt lägenhet ...** wi: ha:r hy:rt lä:genhe:t ...

Das könnten Sie hören:

◄ **Skulle jag kunna få er voucher?**
skülle ja: künna fo: e:r wautcher?
Dürfte ich bitte Ihren Gutschein haben?

Wo bekommen wir die Schlüssel?	**Var kan vi få nycklarna?** wa:r kann wi: fo: nycklarna?
Wo können wir das Auto abstellen?	**Var kan vi parkera bilen?** wa:r kann wi: par'ke:ra bi:len?
Wie ist hier die Netzspannung?	**Vad är nätspänningen här?** wa: ä:r nä:t-spänningen hä:r?
Wir brauchen noch ...	**Vi behöver ännu ...** wi: be'hö:wer ännü ...
... Bettwäsche.	**... sängkläder.** ... säng-klä:der.
... Geschirrtücher.	**... kökshanddukar.** ... chö:ks-hand-dü:kar.
Wo ist der Sicherungskasten?	**Var är proppskåpet?** wa:r ä:r propp-sko:pet?
Erklären Sie uns bitte, wie ... funktioniert?	**Kan du förklara för oss hur ... fungerar, är du snäll?** kann dü: för'kla:ra fö:r oss hü:r ... fün'ge:rar, ä:r dü: snäll?
... die Spülmaschine	**... diskmaskinen** ... disk-ma'schi:nen
... der Herd	**... spisen** ... spi:sen
... die Waschmaschine	**... tvättmaskinen** ... twätt-ma'schi:nen

Wohin kommt der Müll?	**Var slänger man soporna?** wa:r slä:nger mann su:purna?
Wo ist ...	**Var ligger ...** wa:r ligger ...
... die nächste Bushaltestelle?	**... närmaste busshållplats?** ... närmaste büss-holl-plats?
... ein Lebensmittelgeschäft?	**... en livsmedelsaffär?** ... enn liws-me:dels-a'ffä:r?
... eine Bäckerei?	**... ett bageri?** ... ett ba:geri:?

Camping

Dürfen wir auf Ihrem Grundstück zelten?	**Får vi tälta på din tomt?** fo:r wi: tälta po: dinn tomt?
Haben Sie noch Platz für ...?	**Finns det plats för ...?** finns de: plats fö:r ...?
Wie hoch ist die Gebühr für ...	**Hur mycket kostar det för ...** hü:r mycke kostar de: fö:r ...
... zwei Erwachsene und ... Kinder?	**... två vuxna och ... barn?** ... two: wüxna o: ... ba:rn?
... einen Pkw mit Wohnwagen?	**... en personbil med husvagn?** ... enn per'schu:n-bi:l me: hü:s-wagn?
... ein Wohnmobil?	**... en husbil?** ... enn hü:s-bi:l?
... ein Zelt?	**... ett tält?** ... ett tält?
Vermieten Sie auch ...	**Hyr ni även ut ...** hy:r ni: ä:wen ü:t ...
... Bungalows?	**... stugor?** ... stü:gur?
... Wohnwagen?	**... husvagnar?** ... hü:s-wagnar?

Info

Wenn Sie etwas schlichter und v. a. günstiger wohnen wollen empfiehlt es sich, nach Campingplätzen (campingplats kamping-plats) zu suchen. Oft kann man dort eine stuga stü:ga für mehrere Personen mieten. Die typischen roten Holzhäuschen sind meist einfach ausgestattet, aber sehr gemütlich

Wir möchten einen Tag bleiben.	**Vi skulle vilja stanna en dag.** wi: skülle wilja stanna enn da:.
Wir möchten ... Tage bleiben.	**Vi skulle vilja stanna ... dagar.** wi: skülle wilja stanna ... da:gar.
Wo können wir unseren Wohnwagen aufstellen?	**Var kan vi ställa vår husvagn?** wa:r kann wi: ställa wo:r hü:s-wagn?
Wo können wir unser Zelt aufstellen?	**Var kan vi sätta upp vårt tält?** wa:r kann wi: sätta üpp wo:rt tält?
Wo sind die ...	**Var är ...** wa:r ä:r ...
... Waschräume?	**... tvättrummen?** ... twätt-rümmen?
... Toiletten?	**... toaletterna?** ... toa'letterna?
Gibt es hier Stromanschluss?	**Finns det något eluttag här?** finns de: no:got e:l-ü:t-ta:g hä:r?
Wo kann ich das Chemieklo entsorgen?	**Var kan jag tömma campingtoaletten?** wa:r kann ja: tömma kamping-toa'letten?
Kann ich hier Gasflaschen ...	**Kan jag ... gasolflaskor här?** kann ja: ... ga'so:l-flaskur hä:r?
... kaufen?	**... köpa** ... chö:pa
... umtauschen?	**... byta** ... by:ta

Weitere Wörter

Abfluss *(im Bad)* .... avlopp, -et a:w-lopp
abreisen .... avresa a:w-re:sa
Anmeldung .... anmälan, - ann-'mä:lan
Anzahlung .... handpenning, -en hand-penning
Appartement .... lägenhet, -en lä:genhe:t
Aschenbecher .... askkopp, -en ask-kopp
Aufenthaltsraum .... uppehållsrum, -met üppeholls-rümm
Aufzug .... hiss, -en hiss
Badewanne .... badkar, -et ba:d-ka:r
Beanstandung .... reklamation, -en reklama'schu:n
Besen .... sopkvast, -en su:p-kwast
Bett .... säng, -en säng
Bettdecke .... täcke, -t täcke
Bettlaken .... lakan, -et la:kan
Bettwäsche .... sängkläder, -na säng-klä:der
bügeln .... stryka stry:ka
Bungalow .... stuga, -n stü:ga
Camping .... camping, -en kamping
Campingplatz .... campingplats, -en kamping-plats
Decke .... täcke, -t täcke
Doppelbett .... dubbelsäng, -en dübbel-säng
Dusche .... dusch, -en düsch
Einzelbett .... enkelsäng, -en enkel-säng
Empfang .... reception, -en resep'schu:n
Endreinigung .... städning, -en stä:dning
Etage .... våning, -en wo:ning
Etagenbetten .... våningssäng, -en wo:nings-säng
Fenster .... fönster, fönstret fönster
Ferienhaus .... semesterhus, -et se'mester-hü:s
Ferienwohnung .... semesterlägenhet, -en se'mester-lä:genhe:t

Fernseher	**teve, -n** te:we:
Foyer	**lobby, -n** lobbi
Frühstücksbüfett	**frukostbuffé, -n** frü-kost-bü'ffe:
Frühstücksraum	**frukostmatsal, -en** frü-kost-ma:t-sa:l
Gaskartusche	**gasolpatron, -en** ga'so:l-pa'tru:n
Gaskocher	**gaskök, -et** ga:s-chö:k
Geschirr	**porslin, -et** por'schli:n
Geschirrtuch	**kökshandduk, -en** chö:ks-hand-dük
Glas	**glas, -et** gla:s
Glühbirne	**glödlampa, -n** glö:d-lampa
Hammer	**hammare, -n** hammare
Handtuch	**handduk, -en** hand-dü:k
Hauptsaison	**högsäsong, -en** hö:g-säsong
Hausverwaltung	**fastighetsförvaltning, -en** fastihe:ts-för'waltning
Heizung	**värme, -n** wärme
Herd	**spis, -en** spi:s
Hering	**tältpinne, -n** tält-pinne
Hotel	**hotell, -et** ho'tell
Hotelkärtchen	**hotellkort, -et** ho'tell-kurt
Internetanschluss	**uppkoppling till internet** üpp-koppling till internet
Isomatte	**liggunderlag, -et** ligg-ünderla:g
Jugendherberge	**vandrarhem, -met** wandrar-hemm
Kaffeemaschine	**kaffebryggare, -n** kaffe-'bryggare
Kamin	**öppen spis** öppen spi:s
Kaminholz	**ved, -en** we:d
kaputt	**trasig** tra:si
Kaution	**depositionsavgift, -en** deposi'schu:ns-a:w-jift
Kinderbett	**barnsäng, -en** ba:rn-säng
Kleiderbügel	**klädhängare, -n** klä:d-hängare
Kocher	**kokare, -n** ku:kare
Kopfkissen	**kudde, -n** küdde

Kühlschrank	kylskåp, -et chy:l-sko:p
Lampe	lampa, -n lampa
Leihgebühr	uthyrningsavgift, -en ü:t-hy:rnings-a:w-jift
Licht	ljus, -et jü:s
Luftmatratze	luftmadrass, -en lüft-ma'drass
Matratze	madrass, -en ma'drass
Miete	hyra, -n hy:ra
mieten	hyra hy:ra
Moskitonetz	myggnät, -et mygg-nä:t
Moskitospirale	myggspiral, -en mygg-spi'ra:l
Mülleimer	sophink, -en su:p-hink
Nachsaison	lågsäsong, -en lo:g-säsong
Netzspannung	nätspänning, -en nä:t-spänning
Notausgang	nödutgång, -en nö:d-ü:t-gong
Putzmittel	rengöringsmedel, -medlet re:n-jö:rings-me:del
Rechnung	räkning, -en rä:kning
reservieren	boka bu:ka
reserviert	bokat bu:kat
Rezeption	reception, -en resep'schu:n
Safe	kassaskåp, -et kassa-sko:p
Schlafsaal	sovsal, -en so:w-sa:l
Schlafsack	sovsäck, -en so:w-säck
Schlüssel	nyckel, -n nyckel
schmutzig	smutsig smütsi
Schrank	skåp, -et sko:p
Sessel	fåtölj, -en fo:'tölj
Sicherung	säkring, -en sä:kring
Spiegel	spegel, -n spe:gel
Spülung	spolning, -en spu:lning
Steckdose	eluttag, -et e:l-ü:t-ta:g
Stecker	kontakt, -en kon'takt
Stuhl	stol, -en stu:l

Swimmingpool	swimmingpool, -en swimming-pu:l
Telefon	telefon, -en tele'fo:n
Terrasse	terrass, -en ter'rass
Tisch	bord, -et bu:rd
Toilette	toalett, -en toa'lett
Toilettenpapier	toalettpapper, -pappret toa'lett-papper
Trinkwasser	dricksvatten, -vattnet dricks-watten
Ventilator	fläkt, -en fläckt
Verlängerungskabel	förlängningssladd, -en för'längnings-sladd
Verlängerungswoche	extravecka ekstra-wecka
Voranmeldung	föranmälan för-ann'mä:lan
Vorsaison	försäsong, -en för-säsong
Waschbecken	handfat, -et hand-fa:t
waschen *(Wäsche)*	tvätta twätta
Wäschetrockner	torktumlare, -n tork-tümmlare
Waschmaschine	tvättmaskin, -en twätt-ma'schi:n
Waschmittel	tvättmedel, -medlet twätt-me:del
Waschraum	tvättrum, -met twätt-rümm
Wasser	vatten, vattnet watten
Wasserhahn	vattenkran, -en watten-kra:n
Wohnmobil	husbil, -en hü:s-bi:l
Wohnwagen	husvagn, -en hü:s-wagn
Zelt	tält, -et tält
zelten	tälta tälta
Zimmer	rum, -met rümm

Essen & Trinken

... die wichtigsten Sätze

Einen Tisch für ... Personen bitte.
Ett bord för ... personer, tack.
ett bu:rd för ... perschu:ner, tack.

Ist dieser Tisch noch frei?
Är det här bordet ledigt?
ä:r de: hä:r bu:rdet le:dit?

Entschuldigung, wo sind die Toiletten?
▸ *Restaurantsuche, S. 97*
Ursäkta, var ligger toaletten?
ü:r'schäckta, wa:r ligger toa'letten?

Die Karte bitte.
Matsedeln, tack.
ma:t-se:deln, tack.

Ich möchte nur etwas trinken.
Jag skulle bara vilja ha något att dricka.
ja: skülle ba:ra wilja ha: no:got att dricka.

Gibt es jetzt noch etwas zu essen?
Kan man fortfarande beställa mat?
kann mann fu:rt-fa:rande be'ställa ma:t

Was empfehlen Sie mir?
Vad kan du rekommendera?
wa: kann dü: rekommen'de:ra?

Ich möchte noch etwas Brot.
Jag skulle vilja ha lite bröd till.
ja: skülle wilja ha: li:te brö:d 'till.

Bitte bringen Sie mir noch ... ▸ *Bestellen, S. 98*	**Kan jag få en ... till, tack.** kann ja: fo: enn ... 'till, tack.
Guten Appetit!	**Smaklig måltid!** sma:kli mo:l-ti:d!
Danke, gleichfalls!	**Tack detsamma!** tack de:'samma!
Zum Wohl!	**Skål!** sko:l!
Was ist das?	**Vad är det?** wa: ä:r de:?
Danke, ich bin satt.	**Tack, jag är mätt.** tack, ja: ä:r mätt.
Danke für die Einladung.	**Tack för inbjudan.** tack fö:r inn-bjü:dan.
Es war ausgezeichnet. ▸ *Gemeinsam essen, S. 103*	**Det var alldeles utmärkt.** de: war all-deles ü:t-märkt.
Hier fehlt noch ... ▸ *Reklamieren, S. 104*	**Här fattas ...** hä:r fattas ...
Die Rechnung bitte! ▸ *Bezahlen, S. 105*	**Notan, tack!** nu:tan, tack!
Es stimmt so.	**Det är jämnt.** de: ä:r jämmt.

Frukost
Frühstück

apelsinjuice apel'si:n-ju:s	Orangensaft
bröd brö:d	Brot
croissant kroa'sang	Croissant
filmjölk fi:l-mjölk	schwedische Sauermilch
(frukost)gröt (frü:-kost-)grö:t	Haferbrei
hårdkokt ägg ho:rd-ku:kt ägg	hart gekochtes Ei
havregryn ha:wre-gry:n	Haferflocken
kaffe kaffe	Kaffee
kakao ka:kao	Kakao
kaviar kawiar	Kaviar
korv korw	Wurst
marmelad marme'la:d	Marmelade
medwurst me:d-würst	Mettwurst
mesost me:s-u:st	Braunkäse
mjölk mjölk	Milch
mjukkokt ägg mjü:k-ku:kt ägg	weich gekochtes Ei
müsli mü:sli	Müsli
omelett ome'lett	Omelett
ost u:st	Käse
skinka schinka	Schinken

småfranska	smo:-franska	Brötchen
smör	smör	Butter
stekt ägg	ste:kt ägg	Spiegelei
sylt	sy:lt	Konfitüre
te	te:	Tee
toast	to:st	Toast
yoghurt	jo:gürt	Joghurt
ägg	ägg	Ei
äggröra	ägg-rö:ra	Rührei

Soppor
Suppen

champinjonsoppa	schampin'ju:n-soppa	Pilzsuppe
fisksoppa	fisk-soppa	Fischsuppe
grönsakssoppa	grö:n-sa:ks-soppa	Gemüsesuppe
köttsoppa	chött-soppa	Fleischsuppe
sparrissoppa	sparris-soppa	Spargelsuppe
tomatsoppa	tu'ma:t-soppa	Tomatensuppe
ärtsoppa	ärt-soppa	Erbsensuppe

Sallad
Salate

blandad sallad blandad sallad	gemischter Salat
bondsallad bu:nd-sallad	Bauernsalat
kålsallad ko:l-sallad	Krautsalat
potatissallad po'ta:tis-sallad	Kartoffelsalat
rödbetssallad rö:d-be:ts-sallad	Rote Beete-Salat
sallad sallad	Salat
sillsallad sill-sallad	Heringssalat
tomat- och mozarellasallad tu'ma:t- o: motsa'rella-sallad	Tomaten- und Mozzarellasalat

Förrätter
Vorspeisen

avocado med kaviar awo'ka:do me: kawiar	Avocado mit Kaviar
avocado med räkor awo'ka:do me: rä:kor	Avocado mit Krabben
carpaccio kar'patschio	Carpaccio
dillsill dill-sill	in Dillsoße eingelegter Hering

fyllda champinjoner fyllda schampin'ju:ner	gefüllte Champignons
gravad lax med senapssås gra:wad laks me: se:naps-so:s	gebeizter Lachs mit Senfsoße
inlagd sill inlagd sill	eingelegter Hering
landgång land-gong	Baguettebrot mit Aufschnitt oder Aufstrich
lufttorkad skinka lüft-torkad schinka	luftgetrockneter Schinken
ost- och skinkpaj u:st- o: schink-paj	Quiche mit Käse und Schinken
paj paj	herzhafte Quiche mit verschiedenen Zutaten
räkcocktail rä:k-kocktejl	Krabbencocktail
räksufflé rä:k-sü'ffle:	Krabbensoufflé
rökt fjordlax rö:kt fjurd-laks	geräucherter Fjordlachs
senapssill se:naps-sill	in Senfsoße eingelegter Hering
smörgås smör-go:s	Butterbrot
smörgåstårta smör-go:s-to:rta	herzhaft belegte Butterbrottorte
snittar snittar	belegte Schnittchen
toast skagen to:st ska:gen	Toast mit Krabben
vårrullar wo:r-rüllar	Frühlingsrolle

Kötträtter
Fleischgerichte

biff biff	(Hack-)Steak
falukorv fa:lü-korw	Fleischwurst
fläsk fläsk	Speck
fläsk- fläsk-	Schweine-
fläskfilé fläsk-fi'le:	Schweinefilet
hare ha:re	Hase
hjort ju:rt	Hirsch
kalops ka'lopps	schwedischer Fleischeintopf
kalv- kalw	Kalbs-
kanin ka'ni:n	Kaninchen
kotlett kott-lett	Kotelett
köttbullar chött-büllar	gebratene Fleischklößchen
köttfärs chött-färsch	Hackfleisch
köttgryta chött-gry:ta	Fleischeintopf
kåldolmar ko:l-dolmar	Kohlroulade mit Hackfleisch und Reis
lever le:wer	Leber
ox- uks-	Rind-
oxfilé uks-fi'le:	Rinderfilet
pytt i panna pytt i panna	gebratene Kartoffeln, Zwiebeln und Fleisch mit Spiegelei
ren re:n	Rentier

revbensspjäll re:w-be:ns-spjäll	Rippe
rostbiff ro:st-biff	Roastbeef
rådjur ro:-jü:r	Reh
rådjurssadel ro:-jü:rs-sa:del	Rehrücken
sjömansbiff schö:-mans-biff	Eintopf mit Minutensteak, Kartoffeln, Zwiebeln und Bier
tunga tünga	Zunge
vildsvin wild-swi:n	Wildschwein
älg älj	Elch

Fågel
Geflügel

anka anka	Ente
fasan fa'sa:n	Fasan
gås go:s	Gans
höna hö:na	Huhn
kalkon kal'ku:n	Pute
kyckling chyckling	Hähnchen
rapphöna rapp-hö:na	Rebhuhn

Fisk
Fisch

aborre aborre	Barsch
ansjovis an'scho:wis	Anchovis
böckling böckling	Bückling
fiskbullar fisk-büllar	Fischklößchen
fiskgratäng fisk-gra'täng	Fischauflauf
fiskpinnar fisk-pinnar	Fischstäbchen
flundra flündra	Flunder
forel fo'rell	Forelle
gädda jädda	Hecht
gös jö:s	Zander
hälleflundra hälle-flündra	Heilbutt
Janssons frestelse ja:nssons frestelse	Kartoffelauflauf mit Sahne, Zwiebeln und Anchovis
lax laks	Lachs
lutfisk lü:t-fisk	eingeweichter Stockfisch
makrill ma'krill	Makrele
piggvar pigg-wa:r	Steinbutt
regnbågslax regn-bo:gs-laks	Regenbogenforelle
rom romm	Rogen
rödspätta rö:d-spätta	Scholle
sill sill	Hering
sjötunga schö:-tünga	Seezunge

strömming strömming	Ostseehering
surströmming sü:r-strömming	vergorener Ostseehering
svärdfisk swärd-fisk	Schwertfisch
tonfisk tu:n-fisk	Thunfisch
torsk torschk	Kabeljau
ål o:l	Aal

Skaldjur
Meeresfrüchte

hummer hümmer	Hummer
kammusslor kamm-müsslur	Jakobsmuscheln
krabba krabba	Krabbe
kräfta kräfta	Krebs
musslor müsslur	Muscheln
ostron u:stron	Austern
räkor rä:kur	Garnelen
skaldjur ska:l-jü:r	Meeresfrüchte

Tillbehör
Beilagen

klyftpotatis klyft-po'ta:tis	Kartoffelspalten
knäckebröd knäcke-brö:d	Knäckebrot
kokt potatis ku:kt po'ta:tis	gekochte Kartoffeln
lingonsylt lingon-sylt	Preiselbeermarmelade
pasta pasta	Nudeln
pommes frites pomm fritt	Pommes frites
potatisgratäng po'ta:tis-gra'täng	Kartoffelauflauf
potatismos po'ta:tis-mu:s	Kartoffelpüree
ris ri:s	Reis
rotmos ru:t-mu:s	Rüben- und Kartoffelpüree
stekt potatis ste:kt po'ta:tis	Bratkartoffeln
tunnbröd tünn-brö:d	nordschwedisches Fladenbrot
äppelmos äppel-mu:s	Apfelmus

Grönsaker
Gemüse

auberginer o:ber-schi:ner	Auberginen
avocado awo'ka:do	Avocado
blomkål blum-ko:l	Blumenkohl

brysselkål bryssel-ko:l	Rosenkohl
bönor bö:nor	Bohnen
champinjoner schampin'ju:ner	Champignons
fänkål fänn-ko:l	Fenchel
gröna ärtor grö:na ärtur	grüne Erbsen
gurka gürka	Gurke
kronärtskockor kru:n-ärtsch-kockur	Artischocken
kålrabbi ko:l-rabbi	Kohlrabi
kålrot ko:l-ru:t	Steckrübe
linser linser	Linsen
majs majs	Mais
morötter mu:rötter	Möhren
oliver o'li:wer	Oliven
paprika pa:prika	Paprika
pumpa pümpa	Kürbis
purjolök pürju-lö:k	Lauch
rädisor rä:disur	Radieschen
rödbeta rö:d-be:ta	Rote Bete
selleri selleri:	Sellerie
sparris sparris	Spargel
spenat spe'na:t	Spinat
svampar swampar	Pilze
tomater tu'ma:ter	Tomaten
zuccini tsü'ki:ni	Zucchini

Tillagningssätt
Zubereitungsarten

bakad ba:kad	gebacken
bräserad brä'se:rad	geschmort
flamberad flam'be:rad	flambiert
friterad fri'te:rad	frittiert
gratinerad grati'ne:rad	überbacken
grillad grillad	gegrillt
hemgjord hemm-ju:rd	hausgemacht
inlagd inn-lagd	eingelegt
kokt ku:kt	gekocht
kryddmarinerad krydd-mari'ne:rad	kräutermariniert
marinerad mari'ne:rad	mariniert
panerad pa'ne:rad	paniert
rostad rostad	geröstet
rökt rö:kt	geräuchert
stekt ste:kt	gebraten
stuvad stü:wad	in Mehlschwitze
ugnsbakad üngns-ba:kad	im Ofen gebacken
ugnsstekt üngns-ste:kt	im Ofen gebraten
ångkokt o:ng-ku:kt	gedämpft, gedünstet

Ost
Käse

brieost bri:-u:st	Brie
fårost fo:r-u:st	Schafskäse
getost je:t-u:st	Ziegenkäse
grevé(ost) gre:'ve:(-u:st)	schwedischer Hartkäse (ähnlich Emmentaler)
gräddost grädd-u:st	Rahmkäse
herrgårdsost herr-go:rds-u:st	südschwedischer Hartkäse
keso ke:so	Hüttenkäse
lagrad la:grad	gereift
mild ost mild u:st	milder Käse
mjukost mjü:k-u:st	Weichkäse
mögelost mö:gel-u:st	Schimmelkäse
ostbricka u:st-bricka	Käseplatte
stark ost stark u:st	kräftiger Käse
västerbottensost wäster-bottens-u:st	würziger Hartkäse aus Nordschweden

Efterrätt
Nachtisch

fruktsallad frükt-sallad	Obstsalat
glass glass	Eis
maräng ma'räng	Baiser
risgrynsgröt ri:s-gry:ns-grö:t	Milchreis
sylt sylt	Eingemachtes
vaniljsås wa'nilj-so:s	Vanillesoße
vispgrädde wisp-grädde	Schlagsahne

Kakor och bakelser
Kuchen und Gebäck

blåbärskaka blo:-bärsch-ka:ka	Blaubeerkuchen
chokladbollar scho'kla:d-bollar	Schokoladenbällchen
kanelbullar ka'ne:l-büllar	Zimtschnecken
kladdkaka kladd-ka:ka	weicher Schokoladenkuchen
ostkaka u:st-ka:ka	schwedischer Käsekuchen
pannkaka pann-ka:ka	dünner Pfannkuchen
pepparkaka peppar-ka:ka	schwedischer Pfefferkuchen
prinsesstårta prin'sess-torta	grüne Prinzessinentorte mit Sahne und Beeren gefüllt

punschrullar pünsch-rüllar	Punschröllchen
rabarberpaj ra'barber-paj	Rhabarberkuchen
saffransbullar saffrans-büllar	Safrangebäck
tårta to:rta	Torte
våfflor wofflur	Waffeln
wienerbröd wi:ner-brö:d	Plunderstück
äppelkaka äppel-ka:ka	Apfelkuchen

Frukt
Obst

apelsin apel'si:n	Apfelsine
aprikos apri'ko:s	Aprikose
banan ba'na:n	Banane
björnbär björn-bä:r	Brombeeren
blåbär blo:-bä:r	Blaubeeren
hallon hallon	Himbeeren
hjortron ju:rtron	Multbeeren
jordgubbar ju:rd-gübbar	Erdbeeren
krusbär krü:s-bä:r	Stachelbeeren
körsbär chörsch-bä:r	Kirschen
lingon lingon	Preiselbeeren
mandarin manda'ri:n	Mandarine

melon me'lu:n	Melone
päron pä:ron	Birne
persika perschicka	Pfirsich
plommon plummon	Pflaume
smultron smültron	Walderdbeeren
tranbär tra:n-bä:r	Cranberry
vinbär wi:n-bä:r	Johannisbeeren
vindruvor wi:n-drü:wur	Weintrauben

Alkoholhaltiga drycker

Alkoholische Getränke

akvavit akwa'wi:t	Aquavit (skandinavischer Kräuterschnaps)
brännvin bränn-wi:n	Schnaps
champagne scham'panj	Champagner
fatöl fa:t-ö:l	Fassbier
fruktigt vin früktit wi:n	fruchtiger Wein
glögg glögg	Glühwein
halvtorrt vin halw-torrt wi:n	halbtrockener Wein
husets vin hü:sets wi:n	Hauswein
lingonvin lingon-wi:n	Preiselbeerwein
ljust öl jü:st ö:l	helles Bier
lättöl lätt-ö:l	Leichtbier

mellanöl mellan-ö:l	mittelstarkes Bier
mousserande vin mu'sse:rande wi:n	Schaumwein, Sekt
mörkt öl mörkt ö:l	dunkles Bier
portvin po:rt-wi:n	Portwein
punsch pünsch	Schwedenpunsch
rom romm	Rum
rött vin rött wi:n	Rotwein
rosévin ro'se:-wi:n	Rosé
starköl stark-ö:l	Starkbier
stor stark stu:r stark	großes Starkbier
sött vin sött wi:n	süßer, lieblicher Wein
torrt vin torrt wi:n	trockener Wein
vitt vin witt wi:n	Weißwein
vodka wodka	Wodka
whisky wiski	Whisky
öl ö:l	Bier

Alkoholfria drycker
Alkoholfreie Getränke

apelsinjuice apel'si:n-ju:s	Orangensaft
juice ju:s	Saft
lingondricka lingon-dricka	Preiselbeersirup
läsk läsk	Limonade

mineralvatten mine'ra:l-watten	Mineralwasser
saft saft	Sirup
tomatjuice tu'ma:t-ju:s	Tomatensaft
vatten watten	Wasser
äppeljuice äppel-ju:s	Apfelsaft

Varma drycker
Heiße Getränke

grönt te grö:nt te:	grüner Tee
kaffe kaffe	Kaffee
kaffe med mjölk kaffe me: mjölk	Kaffee mit Milch
kaffe utan mjölk kaffe ü:tan mjölk	Kaffee ohne Milch
kakao ka:kao	Kakao
svart te swart te:	schwarzer Tee
te med citron te: me: si'tru:n	Tee mit Zitrone
te med mjölk te: me: mjölk	Tee mit Milch
varm choklad (med vispgrädde) warm scho'kla:d (me: wisp-grädde)	heiße Schokolade (mit Schlagsahne)
örtte ört-te:	Kräutertee

Restaurantsuche

Wo gibt es hier in der Nähe ...	**Var i närheten finns det ...** wa:r i: nä:rhe:ten finns de: ...
... ein Café?	**... ett café?** ... ett ka'fe:?
... eine Kneipe?	**... en pub?** ... enn püb?
... ein preiswertes Restaurant?	**... en prisvärd restaurang?** ... enn pri:s-wärd restau'rang?
... ein typisch schwedisches Restaurant?	**... en typisk svensk restaurang?** ... enn ty:pisk swensk restau'rang?
... einen Schnell-imbiss?	**... en snabbmatsrestaurang?** ... enn snabb-ma:ts-restau'rang?
Ich möchte einen Tisch für zwei Personen um ... Uhr reservieren.	**Jag skulle vilja boka ett bord för två personer till klockan ...** ja: skülle wilja bu:ka ett bu:rd för two: per'schu:ner till klockan ...
Ich möchte einen Tisch für sechs Personen um ... Uhr reservieren.	**Jag skulle vilja boka ett bord för sex personer till klockan ...** ja: skülle wilja bu:ka ett bu:rd för seks per'schu:ner till klockan ...
Wir haben einen Tisch für ... Personen reserviert (auf den Namen ...).	**Vi har bokat ett bord för ... personer (på namnet ...).** wi: ha:r bu:kat ett bu:rd för ... per'schu:ner (po: namnet ...).
Einen Tisch für ... Personen bitte.	**Ett bord för ... personer, tack.** ett bu:rd för ... perschu:ner, tack.
Ist dieser Tisch noch frei?	**Är det här bordet ledigt?** ä:r de: hä:r bu:rdet le:dit?

Ist dieser Platz noch frei?	Är den här platsen ledig? ä:r denn hä:r platsen le:di?
Haben Sie einen Hochstuhl?	Har du en barnstol? ha:r dü: enn ba:rn-stu:l?
Entschuldigung, wo sind die Toiletten?	Ursäkta, var ligger toaletten? ü:r'schäckta, wa:r ligger toa'letten?

Bestellen

Ist hier Selbstbedienung?	Är det självbetjäning här? ä:r de: schälw-be'schä:ning hä:r?
Die Karte bitte.	Matsedeln, tack. ma:t-se:deln, tack.
Haben Sie die Speisekarte auch auf ...	Finns matsedeln på ... också? finns ma:t-se:deln po: ... ockso:?
... Deutsch?	... tyska ... tyska
... Englisch?	... engelska ... engelska
Ich möchte nur etwas trinken.	Jag skulle bara vilja ha något att dricka. ja: skülle ba:ra wilja ha: no:got att dricka
Ich möchte nur eine Kleinigkeit essen.	Jag skulle bara vilja äta något litet. ja: skülle ba:ra wilja ä:ta no:got li:tet.
Gibt es jetzt noch etwas zu essen?	Kan man fortfarande beställa mat? kann mann fu:rt-fa:rande be'ställa ma:t?
Gibt es jetzt noch etwas Warmes zu essen?	Kan man fortfarande beställa varm mat kann mann fu:rt-fa:rande be'ställa warm ma:t?

Das könnten Sie hören:

Vad vill du ha att dricka?
wa:d will dü: ha: att dricka?
Was möchten Sie trinken?

Ich möchte ...	Jag skulle vilja ha ... ja: skülle wilja ha: ...
... ein Glas Rotwein.	... ett glas rött vin. ... ett gla:s rött wi:n.
... eine Flasche Weißwein.	... en flaska vitt vin. ... enn flaska witt wi:n.
... einen halben Liter Hauswein.	... en halv liter av husets vin. ... enn halw li:ter a:w hü:sets wi:n.
... ein Viertel Rosé.	... en kvarts liter rosévin. ... enn kwarts li:ter ro'se:-wi:n.
... ein Bier.	... en öl. ... enn ö:l.
... eine Karaffe Wasser.	... en karaff vatten. ... enn ka'raff watten.
... eine kleine Flasche Mineralwasser.	... en liten flaska mineralvatten. ... enn li:ten flaska mine'ra:l-watten.
... eine große Flasche Mineralwasser.	... en stor flaska mineralvatten. ... enn stu:r flaska mine'ra:l-watten.
... eine Tasse Kaffee.	... en kopp kaffe. ... enn kopp kaffe.

fo

Um die Bedienung auf sich aufmerksam zu machen, geben Sie ein dezentes Handzeichen oder sagen Sie: Skulle jag kunna få beställa/betala, tack? Skülle ja:g künna fo: be-ställa/be-ta:la, tack? (Kann ich bitte bestellen/bezahlen?).

Info

Wein ist in Schweden sehr teuer. In vielen Restaurants bekommt man aber auch offenen Wein oder man bestellt die preisgünstigeren Flaschenweine der Hausmarke (husets vin hü:sets wi:n).

Haben Sie auch offenen Wein?	Har du också vin på glas? ha:r du ockso: wi:n po: gla:s?

Das könnten Sie hören:

◄Vad vill du ha att äta?
wa:d will dü: ha: att ä:ta?
Was möchten Sie essen?

Ich möchte ...	Jag skulle vilja ha ... ja: skülle wilja ha: ...
... das Menü zu ... Kronen.	... menyn för ... kronor. ... me'ny:n för ... kru:nur.
... eine Portion ...	... en portion ... ... enn port'schu:n ...
... ein Stück ...	... en bit ... ... enn bi:t ...
Was empfehlen Sie mir?	Vad kan du rekommendera? wa: kann dü: rekommen'de:ra?
Was ist heute das Tagesgericht?	Vad är dagens rätt? wa: ä:r da:gens rätt?
Haben Sie ...	Finns det ... finns de: ...
... diabetische Kost?	... diabetikerkost? ... dia'be:tiker-kost?
... Diätkost?	... dietkost? ... di'e:t-kost?
... vegetarische Gerichte?	... vegetariska rätter? ... wege'ta:riska rätter?

Was sind die Speziali-täten dieser Region?	Vilka är specialiteterna i denna region? wilka ä:r spesiali'te:terna i denna re'giu:n?
Ist ... in dem Gericht? Ich darf das nicht essen.	Är det ... i den här rätten? Jag får inte äta det. ä:r de: ... i: denn hä:r rätten? ja: fo:r inte ä:ta de:.
Für mich bitte ohne ...	Utan ... för mig, tack. ü:tan ... fö:r mej, tack.
Kann ich ... statt ... haben?	Skulle jag kunna få ... i stället för ...? skülle ja: künna fo: ... i stället fö:r ...?

Das könnten Sie hören:

◂ Hur vill du ha köttet?
hü:r will dü: ha: chöttet?

Wie möchten Sie Ihr Steak?

Blutig.	Blodigt. blu:digt.
Medium rare.	Medium rare. mi:diüm rä:r.
Medium.	Medium. me:diüm.
Gut durchgebraten.	Genomstekt. je:nom-ste:kt.

Das könnten Sie hören:

◂ Vad vill du ha till ... wa:d will dü: ha: till ...	Was nehmen Sie als ...
◂ ... förrätt? ... för-rätt?	... Vorspeise?
◂ ... efterrätt? ... efter-rätt?	... Nachtisch?

Danke, ich nehme ...	**Tack, jag tar ingen ...** tack, ja: ta:r ingen ...
... keine Vorspeise.	**... förrätt.** ... för-rätt.
... keinen Nachtisch.	**... efterrätt.** ... efter-rätt.
Ich möchte noch etwas Brot.	**Jag skulle vilja ha lite bröd till.** ja: skülle wilja ha: li:te brö:d 'till.
Bitte bringen Sie mir noch ...	**Kan jag få en ... till, tack.** kann ja: fo: enn ... 'till, tack.
Haben Sie ein Kindermenü?	**Finns det en barnmeny?** finns de: enn ba:rn-me'ny:?
Können wir für die Kinder eine halbe Portion bekommen?	**Skulle vi kunna få halva portioner till barnen?** skülle wi: künna fo: halwa port'schu:ner till ba:rnen?
Bringen Sie uns bitte ... für unser Kind.	**Var snäll och ge oss ... till vårt barn.** wa:r snäll o: je: oss ... till wo:rt ba:rn.
... ein Extra-Gedeck	**... extra-bestick och -tallrik** ... ekstra be'stick o: tall'ri:k
... einen kleinen Löffel	**... en liten sked** ... enn li:ten sche:d
Können Sie bitte das Fläschchen aufwärmen?	**Skulle du kunna värma flaskan?** skülle dü: künna wärma flaskan?

Gemeinsam essen

Guten Appetit!	**Smaklig måltid!** sma:kli mo:l-ti:d!
Danke, gleichfalls!	**Tack detsamma!** tack de:'samma!
Zum Wohl!	**Skål!** sko:l!

Das könnten Sie hören:

Smakar det gott? sma:kar de: gott?	Schmeckt es Ihnen | dir?
Danke, sehr gut.	**Tack, mycket gott.** tack, mycke gott.

Das könnten Sie hören:

Lite till …? li:te till …?	Noch etwas …?
Vill du ha av det här? will dü: ha: a:w de: hä:r?	Möchten Sie | Möchtest du hiervon?
Ja, gerne.	**Ja, gärna.** ja, jä:rna.
Danke, ich bin satt.	**Tack, jag är mätt.** tack, ja: ä:r mätt.
Was ist das?	**Vad är det?** wa: ä:r de:?
Können Sie | Kannst du mir bitte … reichen?	**Skulle du kunna räcka mig …?** skülle dü: künna räcka mej …?
Ich möchte keinen Alkohol trinken.	**Jag vill inte dricka någon alkohol.** ja: will inte dricka no:gon alko'ho:l.
Stört es Sie | dich, wenn ich rauche?	**Stör det dig om jag röker?** stö:r de: dej omm ja: rö:ker?

Ich möchte Sie | dich einladen.	Jag vill bjuda dig. ja: will bjü:da dej.
Danke für die Einladung.	Tack för inbjudan. tack fö:r inn-bjü:dan.
Es war ausgezeichnet.	Det var alldeles utmärkt. de: war all-deles ü:t-märkt.

▸ *Höfliche Wendungen, S. 57*

Reklamieren

Das habe ich nicht bestellt. Ich wollte ...	Det har jag inte beställt. Jag ville ha ... de: ha:r ja: inte be'ställt. ja: wille ha: ...
Haben Sie unser ... vergessen?	Har du glömt vår ...? ha:r dü: glömmt wo:r ...?
Hier fehlt noch ...	Här fattas ... hä:r fattas ...
Das Essen ist ...	Maten är ... ma:ten ä:r ...
... kalt.	... kall. ... kall.
... versalzen.	... för salt. ... fö:r salt.
Das Fleisch ist nicht lang genug gebraten.	Köttet är inte tillräckligt genomstekt. chöttet ä:r inte till-räcklit je:nom-ste:kt.
Das Fleisch ist zäh.	Köttet är segt. chöttet ä:r se:gt.
Bitte nehmen Sie es zurück.	Var snäll och ta tillbaka det här. wa:r snäll o: ta: till'ba:ka de: hä:r.

Bezahlen

Die Rechnung bitte!	Notan, tack! nu:tan, tack!
Ich hätte gerne eine Quittung.	Jag skulle vilja ha ett kvitto. ja: skülle wilja ha: ett kwitto.
Wir möchten getrennt bezahlen.	Vi vill betala var för sig. wi: will be'ta:la wa:r för sej.
Bitte alles zusammen.	Tillsammans, tack. till'sammans, tack.

Das könnten Sie hören:

◂ Smakade det bra? sma:kade de: bra:?	Hat es Ihnen geschmeckt?
Sagen Sie bitte dem Koch mein Kompliment!	Var snäll och säg till kocken att det smakade mycket bra! wa:r snäll o: säij till kocken att de: sma:kade mycke bra:!
Ich glaube, hier stimmt etwas nicht.	Jag tror att det är något som inte stämmer här. ja: tro:r att de: ä:r no:got som inte stämmer hä:r.
Es stimmt so.	Det är jämnt. de: ä:r jämmt.
Vielen Dank.	Tack så mycket. tack so: mycke.

fo

Es ist kein Problem, getrennt zu bezahlen. Obwohl zum Teil schon im Preis inbegriffen, freut man sich in Restaurants und Bars über ein Trinkgeld von 5–10 %, das Sie am besten direkt beim Bezahlen geben oder auf dem Tisch liegen lassen.

Weitere Wörter

Abendessen	**middag, -en** midda:g
Aschenbecher	**askkopp, -en** ask-kopp
Babyfläschchen	**nappflaska, -n** napp-flaska
Beilage	**tillbehör, -et** till-be'hö:r
belegtes Brot	**smörgås, -en** smör-go:s
Besteck	**bestick, -et** be'stick
bestellen	**beställa** be'ställa
bezahlen	**betala** be'ta:la
getrennt bezahlen	**betala var för sig** be'ta:la war för sej
zusammen bezahlen	**betala tillsammans** be'ta:la till'sammans
Brot	**bröd, -et** brö:d
Brötchen	**fralla, -n** fralla
Butter	**smör, -et** smör
Diät	**diet, -en** di'e:t
durstig sein	**vara törstig** wa:ra törschti
essen	**äta** ä:ta
Essen	**mat, -en** ma:t
Essig	**vinäger, -n** wi'nä:ger
fett	**fet** fe:t
Fisch	**fisk, -en** fisk
Fläschchenwärmer	**nappflaskevärmare, -n** napp-flaske-'wärmare
Flasche	**flaska, -n** flaska
Fleisch	**kött, -et** chött
frisch	**färsk** färschk
Frühstück	**frukost, -en** frü-kost
frühstücken	**äta frukost** ä:ta frü-kost
Gabel	**gaffel, -n** gaffel
Gang	**rätt, -en** rätt
Gebäck	**baverk, -et** ba:k-werk
Gedeck	**tallrik och bestick** tall'ri:k o: be'stick
Gemüse	**grönsak, -en** grö:n-sa:k

Gericht	rätt, -en rätt
Getränk	dryck, -en dryck
gewürzt	kryddad kryddad
Glas	glas, -et gla:s
Gräte	(fisk)ben, -et (fisk)be:n
Hauptgericht	huvudrätt, -en hü:wüd-rätt
hausgemacht	hemgjord hemm-ju:rd
heiß	het he:t
hungrig sein	vara hungrig wa:ra hüngri
kalt	kall kall
Kartoffeln	potatisar, -na po'ta:tisar
Kellner	kypare, -n chy:pare
Kellnerin	servitris, -en serwi'tri:s
Ketchup	ketchup, -en ketchüp
Kinderteller	barnportion, -en ba:rn-port'schu:n
Kneipe	pub, -en püb
Knoblauch	vitlök, -en wi:t-lö:k
Kuchen	kaka, -n ka:ka
Löffel	sked, -en sche:d
mager	mager ma:ger
Margarine	margarin, -et marga'ri:n
Mayonnaise	majonnäs, -en majo'nä:s
Menü	meny, -n me'ny:
Messer	kniv, -en kni:w
Mineralwasser mit Kohlensäure	mineralvatten med kolsyra mine'ra:l-watten me: ko:l-sy:ra
Mineralwasser ohne Kohlensäure	mineralvatten utan kolsyra mine'ra:l-watten ü:tan ko:l-sy:ra
Mittagessen	lunch, -en lunsch
Nachtisch	efterrätt, -en efter-rätt
Nudeln	pasta, -n pasta
Öl	olja, -n olja
Pfeffer	peppar, -n peppar
Pilze	svampar, -na swampar

Portion	portion, -en port'schu:n
Reis	ris, -et ri:s
roh	rå ro:
Rohkost	råkost, -en ro:-kost
Sahne	grädde, -n grädde
Salatsoße	dressing, -en dressing
Salz	salt, -et salt
Salzstreuer	saltkar, -et salt-'ka:r
satt sein	vara mätt wa:ra mätt
sauer	sur sü:r
scharf	stark stark
schmecken	smaka sma:ka
Schonkost	dietkost, -en di'e:t-kost
Selbstbedienung	självbetjäning, -en schälw-be'schä:ning
Senf	senap, -en se:nap
Serviette	servett, -en ser'wett
Soße *(Bratensoße)*	sås, -en so:s
Spezialität	specialitet, -en spesiali'te:t
Stück	bit, -en bi:t
Stuhl	stol, -en stu:l
Suppe	soppa, -n soppa
süß	söt sö:t
Süßstoff	sötningsmedel, -medlet sö:tnings-me:de
Tasse	kopp, -en kopp
Teelöffel	tesked, -en te:-sche:d
Teller	tallrik, -en tall'ri:k
Tisch	bord, -et bu:rd
trinken	dricka dricka
Trinkgeld	dricks, -en dricks
vegetarisch	vegetarisk wege'ta:risk
Vorspeise	förrätt, -en fö:r-rätt
Wasser	vatten, vattnet watten
Zahnstocher	tandpetare, -n tand-pe:tare
Zucker	socker, sockret socker

Unterwegs in der Stadt

... die wichtigsten Sätze

Entschuldigung, wo ist ...?
Ursäkta, var ligger ...?
ü:r'schäckta, wa:r ligger ...?

Wie komme ich nach ...?
▸ *Orientierung, S. 112*
Hur kommer jag till ...?
hü:r kommer ja: till ...?

Wo ist die Touristeninformation?
Var ligger turistinformationen?
wa:r ligger tü'rist-informa'schu:nen?

Können Sie mir ein gutes Hotel empfehlen?
Kan du rekommendera mig ett bra hotell?
kann dü: rekommen'de:ra mej ett bra: ho'tell?

Ist es weit von hier?
Är det långt härifrån?
ä:r de: longt hä:ri'fro:n?

Ich möchte einen Stadtplan.
Jag skulle vilja ha en stadskarta.
ja: skülle wilja ha: enn stads-ka:rta.

Wann ist ... geöffnet?
▸ *Touristeninformation, S. 114*
När är ... öppet?
nä:r ä:r ... öppet?

Wo ist die nächste U-Bahn-Station?
Var ligger närmaste tunnelbanestation?
wa:r ligger närmaste tünnel-ba:ne-sta'schu:n?

Fährt dieser Bus nach ...?

Går den här bussen till ...?
go:r denn hä:r büssen till ...?

Bitte einen Fahrschein nach ...

▸ *Mit Bus und Bahn, S. 117*

En biljett till ..., tack.
enn bill'jett till ..., tack.

Wo bekomme ich ein Taxi?

▸ *Mit dem Taxi, S. 119*

Var kan jag få tag på en taxi?
wa:r kann ja: fo: ta:g po: enn taksi?

Entschuldigung, wo ist hier ein Geldautomat?

▸ *Bank, S. 122*

Ursäkta, var finns det en bankomat i närheten?
ü:r'schäckta, wa:r finns de: enn banko'ma:t i när-he:ten?

Was kostet eine Karte nach ...?

▸ *Post, S. 124*

Hur mycket kostar det att skicka ett kort till ...?
hü:r mycke kostar de: att schicka ett kurt till ...?

Wo kann ich hier telefonieren?

Var kan jag ringa någonstans?
wa:r kann ja: ringa no:gon-stans?

Ich hätte gerne eine Prepaid-Karte.

Jag skulle gärna vilja ha ett kontantkort.
ja: skülle jä:rna wilja ha: ett kon'tant-kurt.

Wo gibt es kostenlosen WLAN-Zugang?

▸ *Kommunikation, S. 125*

Var finns det gratis WI-FI?
wa:r finns de: gra:tis wai-fai?

Orientierung

Entschuldigung, wo ist ...?	Ursäkta, var ligger ...? ü:r'schäckta, wa:r ligger ...?
Wie komme ich nach ...?	Hur kommer jag till ...? hü:r kommer ja: till ...?
Wie komme ich zu ...?	Hur kommer jag till ...? hü:r kommer ja: till ...?
Können Sie mir das auf der Karte zeigen?	Skulle du kunna visa mig det på kartan? skülle dü: künna wi:sa mej de: po: ka:rtan?
Wie viele Minuten zu Fuß?	Hur många minuter tar det till fots? hü:r monga mi'nü:ter ta:r de: till fots?

Das könnten Sie hören:

◂Jag är ledsen, det vet jag inte.
ja: ä:r lessen, de: we:t ja: inte.
Tut mir leid, das weiß ich nicht.

◂Vid nästa trafikljus ...
wi:d nästa tra'fi:k-jü:s ...
An der nächsten Ampel ...

◂Vid nästa korsning ...
wi:d nästa korschning ...
An der nächsten Kreuzung ...

◂Den första gatan till ...
denn förschta ga:tan till ...
Die erste Straße ...

... vänster.	... wänster.	... links.
... höger.	... hö:ger.	... rechts.

Den andra gatan till ...
denn andra ga:tan till ...
Die zweite Straße ...

... vänster. ... wänster. ... links.

... höger. ... hö:ger. ... rechts.

Gå över ... go: öwer ... Überqueren Sie ...

... torget. ... torjet. ... den Platz.

... gatan. ... ga:tan. ... die Straße.

Du kan ta ...
dü: kann ta: ...
Sie können ... nehmen.

... bussen. ... büssen. ... den Bus

... tunnelbanan.
... tünnel-ba:nan.
... die U-Bahn

Orts- und Richtungsangaben

bakom ... hinter
bredvid ... neben
där ... dort
där bakom ... dort hinten
framför ... vor
ganska långt ... ziemlich weit
gata ... Straße
här ... hier
häråt ... hier entlang
(till) höger ... (nach) rechts
inte långt ... nicht weit
korsning ... Kreuzung

kurva	Kurve
mittemot	gegenüber
nära till	nahe bei
rakt fram	geradeaus
tillbaka	zurück
trafikljus	Ampel
uppför trappan	die Treppe hinauf
nedför trappan	die Treppe hinunter
(till) vänster	(nach) links

Touristeninformation

Wo ist die Touristen-information?	Var ligger turistinformationen? wa:r ligger türist-informa'schu:nen?
Wissen Sie, wo ich hier ein Zimmer finden kann?	Vet du var jag kan få tag på ett rum här? we:t dü: wa:r ja: kann fo: ta:g po: ett rümm hä:r?
Können Sie mir ... empfehlen?	Kan du rekommendera mig ... kann dü: rekommen'de:ra mej ...
... ein gutes Hotel	... ett bra hotell? ... ett bra: ho'tell?
... ein preiswertes Hotel	... ett prisvärt hotell? ... ett pri:swärt ho'tell?
... eine Pension	... ett pensionat? ... ett panschu'na:t?
... eine Privatunter-kunft	... ett uthyrningsrum? ... ett ü:t-hy:rnings-rümm?
Wie viel kostet es (ungefähr)?	Hur mycket kostar det (ungefär)? hü:r mycke kostar de: (ünjefä:r)?

Können Sie für mich dort reservieren? ▸ *Hotel, S. 64*	Kan du boka in mig där? kann dü: bu:ka 'inn mej dä:r?
Gibt es hier ...	Finns det ... här? finns de: ... hä:r?
... eine Jugendherberge?	... något vandrarhem ... no:got wandrar-hemm
... einen Campingplatz?	... någon campingplats ... no:gon kamping-plats
Ist es weit von hier?	Är det långt härifrån? ä:r de: longt hä:ri'fro:n?
Wie komme ich dorthin?	Hur hittar jag dit? hü:r hittar ja: di:t?
Wo gibt es hier ein Internet-Café? ▸ *Internet, S. 127*	Var någonstans finns ett internetcafé? wa:r no:gon-stans finns ett internet-ka'fe:?
Wo gibt es kostenlosen WLAN-Zugang?	Var finns det gratis WI-FI? wa:r finns de: gra:tis wai-fai?
Ich möchte ...	Jag skulle vilja ha ... ja: skülle wilja ha: ...
... einen Plan von der Umgebung.	... en karta över omgivningen. ... enn ka:rta ö:wer om-ji:wningen.
... einen Stadtplan.	... en stadskarta. ... enn stads-ka:rta.
... einen U-Bahn-Plan.	... en karta över tunnelbanenätet. ... enn ka:rta ö:wer tünnel-ba:ne-nä:tet.
... einen Veranstaltungskalender.	... en evenemangskalender. ... enn ewene'mangs-ka'lender.
Haben Sie auch Prospekte auf Deutsch?	Har ni broschyrer på tyska också? ha:r ni: bro'schy:rer po: tyska ockso:?

Gibt es ...	**Finns det ...** finns de: ...
... Stadtrundfahrten?	**... stadsrundturer?** ... stads-ründ-tü:rer?
... Stadtführungen?	**... guidade stadsturer?** ... gaidade stads-tü:rer?
Was kostet die ...	**Hur mycket kostar ...** hü:r mycke kostar ...
... Rundfahrt?	**... rundturen?** ... ründ-tü:ren?
... Führung?	**... den guidade turen?** ... denn gaidade tü:ren?
Wie lange dauert die ...	**Hur lång tid tar ...** hü:r long ti:d ta:r ...
... Rundfahrt?	**... rundturen?** ... ründ-tü:ren?
... Führung?	**... den guidade turen?** ... denn gaidade tü:ren?
Bitte ... für die Stadtrundfahrt.	**... till stadsrundturen, tack.** ... till stads-ründ-tü:ren, tack.
... eine Karte	**... En biljett** ... enn bill'jett
... zwei Karten	**... Två biljetter** ... two: bill'jetter
Welche Sehenswürdigkeiten gibt es hier?	**Vilka sevärdheter finns det här?** wilka se:wärdhe:ter finns de: hä:r?
Wann ist ... geöffnet?	**När är ... öppet?** nä:r ä:r ... öppet?
Bitte für den Ausflug morgen nach ... einen Platz.	**En plats till utflykten i morgon till ..., tack.** enn plats till ü:t-flykten i morron till ..., tack.

Bitte für den Ausflug morgen nach ... zwei Plätze.	Två platser till utflykten i morgon till ..., tack. two: platser till ü:t-flykten i morron till ..., tack.
Wann treffen wir uns?	När träffas vi? nä:r träffas wi:?
Wo treffen wir uns?	Var träffas vi? wa:r träffas wi:?
Besichtigen wir auch ...?	Tittar vi på ... också? tittar wi: po: ... ockso:?

Bus, Bahn, Taxi

Mit Bus und Bahn

Wo ist ...	Var ligger ... wa:r ligger ...
... die nächste U-Bahn-Station?	... närmaste tunnelbanestation? ... närmaste tünnel-ba:ne-sta'schu:n?
... die nächste Bushaltestelle?	... närmaste busshållplats? ... närmaste büss-holl-plats?
... die nächste Straßenbahnhaltestelle?	... närmaste spårvagnshållplats? ... närmaste spo:r-wagns-holl-plats?
Wo hält der Bus nach ...?	Var någonstans stannar bussen till ...? wa:r no:gon-stans stannar büssen till ...?
Wo hält die Straßenbahn nach ...?	Var någonstans stannar spårvagnen till ...? wa:r no:gon-stans stannar spo:r-wagnen till ...?

Welcher Bus fährt nach ...?	Vilken buss åker till ...? wilken büss o:ker till ...?
Welche U-Bahn fährt nach ...?	Vilken tunnelbana åker till ...? wilken tünnel-ba:na o:ker till ...?

Das könnten Sie hören:

◂ Buss nummer ... büss nümmer ...	Der Bus Nummer ...
◂ Tunnelbanelinje nummer ... tünnel-ba:ne-linje nümmer ...	Die U-Bahn-Linie Nummer ...

Wann fährt der nächste Bus nach ...?	När går nästa buss till ...? nä:r go:r nästa büss till ...?
Wann fährt die nächste Straßenbahn nach ...?	När går nästa spårvagn till ...? nä:r go:r nästa spo:r-wagn till ...?
Wann fährt der letzte Bus?	När går sista bussen? nä:r go:r sista büssen?
Fährt dieser Bus nach ...?	Går den här bussen till ...? go:r denn hä:r büssen till ...?
Gibt es Niederflurbusse?	Finns det låggolvsbussar? finns det lo:g-golws-büssar?
Muss ich nach ... umsteigen?	Måste jag byta efter ...? moste ja: by:ta efter ...?
Könnten Sie mir bitte beim ... helfen?	Skulle du kunna hjälpa mig att ... skülle dü: künna jälpa mej att ...
... Einsteigen	... stiga på? ... sti:ga po:?
... Aussteigen	... stiga av? ... sti:ga a:w?

Sagen Sie mir bitte, wo ich ... muss?	Kan du säga till var jag måste ..., är du snäll?	kann dü: säija till wa:r ja: moste ..., ä:r dü: snäll?
... aussteigen	... stiga av	... sti:ga a:w
... umsteigen	... byta	... by:ta
Wo gibt es die Fahrscheine?	Var kan jag köpa biljetter?	wa:r kann ja: chö:pa bill'jetter?
Bitte einen Fahrschein nach ...	En biljett till ..., tack.	enn bill'jett till ..., tack.
Gibt es ...	Finns det ...	finns de: ...
... Tageskarten?	... endagsbiljetter?	... e:n-da:gs-bill'jetter?
... Mehrfahrtenkarten?	... rabattkort?	... ra'batt-kurt?
... Wochenkarten?	... veckokort?	... wecko-kurt?
Bis zu welchem Alter fahren Kinder umsonst?	Upp till vilken ålder åker barn gratis?	üpp till wilken older o:ker ba:rn gra:tis?

Mit dem Taxi

Wo bekomme ich ein Taxi?	Var kan jag få tag på en taxi?	wa:r kann ja: fo: ta:g po: enn taksi?
Bitte bestellen Sie mir für (morgen um) ... Uhr ein Taxi.	Kan du beställa en taxi åt mig till (i morgon) klockan ..., är du snäll?	kann dü: be'ställa enn taksi o:t mej till (i morron) klockan ..., ä:r dü: snäll?
Sind Sie frei?	Är du ledig?	ä:r dü: le:dig?

Bitte ...	..., tack! ..., tack!
... zum Bahnhof!	... Till stationen ... till sta'schu:nen
... zum Flughafen!	... Till flygplatsen ... till fly:g-platsen
... zum Hotel ...!	... Till hotell ... ... till ho'tell ...
... in die Innenstadt!	... Till centrum ... till sentrüm
... in die ... Straße!	... Till ... gatan ... till ... ga:tan
... zu einem guten Club!	... Till en bra nattklubb ... till enn bra: natt-klübb
Wie viel kostet es nach ...?	Hur mycket kostar det till ...? hü:r mycke kostar de: till ...?
Man hat mir (im Hotel) gesagt, dass es nur ... kostet.	De sa till mig (på hotellet) att det kostar bara .... domm sa: till mej (po: ho'tellet) att de: kostar ba:ra ...
Bitte schalten Sie den Taxameter ein.	Var snäll och sätt på taxametern. wa:r snäll o: sätt po: taksa'me:tern.
Fahren Sie bitte etwas langsamer.	Var snäll och kör lite långsammare. wa:r snäll o: chör li:te lo:ngsammare.
Warten Sie hier bitte (einen Augenblick)!	Vänta här (ett ögonblick), är du snäll! wänta hä:r (ett ö:gon-'blick), ä:r dü: snäll!
Halten Sie hier bitte (einen Augenblick)!	Stanna här (ett ögonblick), är du snäll! stanna hä:r (ett ö:gon-'blick), ä:r dü: snäll!
Das Wechselgeld ist für Sie!	Det är jämt så! de: ä:r jämmt so:!

Weitere Wörter

Abfahrt ... avgång, -en a:w-gong
aussteigen ... stiga av sti:ga a:w
Busbahnhof ... busstation, -en büss-sta'schu:n
Endstation ... ändhållplats, -en änd-holl-plats
entwerten ... stämpla stämpla
Fahrer ... chaufför, -en scho'ffö:r
Fahrkarte ... biljett, -en bill'jett
Fahrkartenautomat ... biljettautomat, -en bill'jett-auto'ma:t
Fahrplan ... tidtabell, -en ti:d-ta'bell
Fahrpreis ... biljettpris, -et bill'jett-pri:s
Fahrstuhl ... hiss, -en hiss
halten ... stanna stanna
Haltestelle ... hållplats, -en holl-plats
Kontrolleur ... kontrollör, -en kontro'llö:r
Richtung ... håll, -et holl
Rollstuhl ... rullstol, -en rüll-stu:l
Rolltreppe ... rulltrappa, -n rüll-trappa
S-Bahn ... pendeltåg, -et pendel-to:g
Schaffner ... konduktör, -en kondük'tö:r
Stadtzentrum ... centrum, centret sentrüm
stufenlos ... utan trappsteg ü:tan trapp-ste:g
Taxistand ... taxistation, -en taksi-sta'schu:n
umsteigen ... byta by:ta

Bank

Entschuldigen Sie bitte, wo ist hier ...	Ursäkta, var finns det ... i närheten? ü:r'schäckta, wa:r finns de: ... i när-he:ter
... eine Bank?	... en bank ... enn bank
... ein Geldautomat?	... en bankomat ... enn banko'ma:t
Wo kann ich Geld wechseln?	Var någonstans kan jag växla pengar? wa:r no:gon-stans kann ja: wäxla pengar
Ich möchte ... Euro umtauschen.	Jag skulle vilja växla ... euro. ja: skülle wilja wäksla ... ewro.
Ich möchte ... Schweizer Franken umtauschen.	Jag skulle vilja växla ... schweiziska franc ja: skülle wilja wäksla ... schwejt'siska frang.
Wie hoch sind die Gebühren?	Hur mycket betalar man i avgift? hü:r mycke be'ta:lar mann i a:w-jift?
Wie ist der Wechselkurs heute?	Hur står växelkursen i dag? hü:r sto:r wäksel-kürschen i da:g?
Ich möchte einen Reisescheck einlösen.	Jag skulle vilja växla in en resecheck. ja: skülle wilja wäksla inn enn re:se-scheck.

Das könnten Sie hören:

◂Din legitimation, tack.
dinn legitima'schu:n, tack.
Ihren Ausweis bitte.

◂Var vänlig och underteckna här.
wa:r wänli o: ünder-teckna hä:r.
Unterschreiben Sie bitte hier.

Hur vill du ha pengarna?
hü:r will dü: ha: pengarna?
Wie möchten Sie das Geld haben?

In kleinen Scheinen, bitte.
I små valörer, tack.
i smo: wa'lö:rer, tack.

Geben Sie mir bitte auch etwas Kleingeld.
Skulle jag kunna få lite i mynt också, är du snäll?
skülle ja: künna fo: li:te i mynt ockso:, ä:r dü: snäll?

Der Geldautomat hat meine Karte einbehalten.
Bankomaten behöll mitt kort.
banko'ma:ten be'höll mitt kurt.

Ich habe meine Geheimzahl vergessen.
Jag har glömt min pinkod.
ja: ha:r glömmt minn pinn-ko:d.

Weitere Wörter

Betrag .... belopp, -et be'lopp
EC-Karte .... elektronkort, -et elek'tron-kurt
Geheimzahl .... pinkod, -en pinn-ko:d
Geld .... pengar, -na pengar
Kartennummer .... kortnummer, -numret kurt-nümmer
Kreditkarte .... kreditkort, -et kre'di:t-kurt
Kurs .... kurs, -en kürsch
Münze .... mynt, -et mynt
Schalter .... disk, -en disk
Sparkasse .... sparbank, -en spa:r-bank
Überweisung .... överföring, -en ö:wer-'fö:ring
Unterschrift .... underskrift, -en ünder-skrift
Währung .... valuta, -n wa'lü:ta
Wechselstube .... växelkontor, -et wäksel-kon'tu:r

Info

Briefmarken (frimärken fri:-märken) können Sie auf der Post (posten posten), im Zeitungskiosk (pressbyrån press-'byron) und manchmal auch im Supermarkt kaufen. Dort und in den meisten Geschäften mit Schalterbedienung stellt man sich nicht einfach an, sondern muss eine Nummer (nummerlapp) ziehen und warten bis man aufgerufen wird.

Post

Wo ist ...	Var ligger ... wa:r ligger ...
... das nächste Postamt?	... närmaste post? ... närmaste post?
... der nächste Briefkasten?	... närmaste brevlåda? ... närmaste bre:w-lo:da?
Was kostet eine Karte nach ...?	Hur mycket kostar det att skicka ett kort till ...? hü:r mycke kostar de: att schicka ett kurt till ...?
Fünf Briefmarken zu ... bitte.	Fem frimärken för ..., tack. femm fri:märken för ..., tack.
Ich möchte diesen Brief (per Express) aufgeben.	Jag vill posta det här brevet (per expresspost), tack. ja: will posta de: hä:r bre:wet (per eks'press-post), tack.
Ich möchte dieses Paket per Luftpost aufgeben.	Jag vill posta det här paketet med luftpost. ja: will posta de: hä:r pa'ke:tet me: lüft-post.

Weitere Wörter

Absender	avsändare, -n a:w-sändare
Adresse	adress, -en a'dress
Ansichtskarte	vykort, -et wy:-kurt
Briefmarke	frimärke, -t fri:-märke
Eilbrief	expressbrev, -et eks'press-bre:w
Empfänger	mottagare, -n mu:t-ta:gare
Päckchen	paket, -et pa'ke:t
Postleitzahl	postnummer, -numret post-nümmer
Schalter	disk, -en disk
schicken	skicka schicka
Sondermarke	jubileumsmärke, -t jübi'le:üms-märke
Wertangabe	uppgift om värdet üpp-jift omm wä:rdet
Wertpaket	assurerat paket assü're:rat pa'ke:t
zerbrechlich	ömtålig öm-to:li

Kommunikation

Telefon

Wo kann ich hier telefonieren?	Var kan jag ringa någonstans? wa:r kann ja: ringa no:gon-stans?
Ich hätte gern eine Telefonkarte.	Jag skulle vilja ha ett telefonkort. ja: skülle wilja ha: ett tele'fo:n-kurt.
Ich möchte eine SIM-Karte kaufen.	Jag vill gärna köpa ett SIM-kort. ja: will jä:rna chö:pa ett simm-kurt.
Ich hätte gerne eine Prepaid-Karte.	Jag skulle gärna vilja ha ett kontantkort. ja: skülle jä:rna wilja ha: ett kon'tant-kurt.

Info

Telefonzellen (**telefonkiosk** tele'fo:n-chosk) sind in Schweden selten geworden. Telefonkarten (**telefonkort** telefo:n-kurt), mit denen man von jedem Telefon und Handy über besonder Nummern billiger ins Ausland telefonieren kann, sind in viele Postämtern und Zeitungsläden (**pressbyrån** press-'byron) erhältlich. Um mit Smartphones Internetzugang zu haben, empfiehlt es sich, eine schwedische Prepaidkarte (**kontantko till mobilen** kontant-kurt till mo'bilen) zu kaufen oder zu Hause ein entsprechendes Reisepaket Ihres Anbieters zu buchen. An vielen Orten (z. B. in Hotels, Hostels, Einkaufszentren) gibt es auch kostenloses WLAN.

Ich möchte mein Guthaben aufladen.	**Jag vill gärna ladda mitt kontantkort.** ja: will jä:rna ladda mitt kon'tant-kurt.
Wie ist die Vorwahl von ...?	**Vilket riktnummer är det till ...?** wilket rickt-nümmer ä:r de: till ...?
Hallo? Hier ist ...	**Hallå? Det här är ...** hallo? de: hä:r ä:r ...
Ich möchte ... sprechen.	**Jag skulle vilja tala med ...** ja: skülle wilja ta:la me: ...

Das könnten Sie hören:

◂**Det är jag.** de: ä:r ja:.	Am Apparat.
◂**... är tyvärr inte inne.** ... ä:r ty'värr inte inne.	... ist leider nicht da.
◂**Kan jag hälsa något?** kann ja: hälsa no:got?	Kann ich etwas ausrichten?
◂**Jag kopplar.** ja: kopplar.	Ich verbinde.

Vänta i telefon, är du snäll.
wänta i tele'fo:n, ä:r dü: snäll.
Bitte bleiben Sie am Apparat.

Die Verbindung ist schlecht.	Telefonledningen är dålig. tele'fo:n-le:dningen ä:r do:lig.
Ich rufe später noch mal an.	Jag ringer igen lite senare. ja: ringer i'jenn li:te se:nare.

Internet

Wo gibt es kostenlosen WLAN-Zugang?	Var finns det gratis WI-FI? wa:r finns de: gra:tis wai-fai?
Wo gibt es hier ein Internet-Café?	Var någonstans finns ett internetcafé? wa:r no:gon-stans finns ett internet-ka'fe:?
Welchen Computer kann ich benutzen?	Vilken dator kan jag använda? wilken da:tur kann ja: ann-wända?
Was kostet das für eine Viertelstunde?	Hur mycket kostar det för en kvart? hü:r mycke kostar de: för enn kwart?
Können Sie mir bitte helfen?	Kan du hjälpa mig, är du snäll? kann dü: jälpa mej, ä:r dü: snäll?
Bitte ändern Sie die Spracheinstellung auf ...	Var snäll och ändra språkinställningen till ... wa:r snäll o: ändra spro:k-in-'ställningen till ...
... Deutsch.	... tyska. ... tyska.
... Englisch.	... engelska. ... engelska.

Wie logge ich mich ein?	Hur loggar jag in mig? hü:r loggar ja: inn mej?
Ich möchte etwas ...	Jag skulle vilja ... något. ja: skülle wilja ... no:got.
... ausdrucken.	... skriva ut ... skri:wa ü:t
... scannen.	... scanna ... skanna
Die Internetverbindung funktioniert nicht.	Uppkopplingen till internet fungerar int üpp-kopplingen till internet fünge:rar int
Der Computer ist abgestürzt.	Datorn har slutat fungera. da:turn ha:r slü:tat fün'ge:ra.

Weitere Wörter

Akku ... uppladdningsbar batteri üpp-laddnings-b:ar batte'ri:
aufladen ... ladda ladda
Benutzername ... användarnamn, -et användar-namn
Handy ... mobiltelefon, -en mo'bi:l-tele'fo:n
Handynummer ... mobiltelefonnummer, -numret mo'bi:l-tele'fo:n-nümmer
Ladegerät ... laddare, -n laddare
Ladekabel ... laddningssladd, -en laddnings-sladd
Passwort ... lösenord, -et lösen-u:rd
SMS ... sms, -et es-em-es
Telefon ... telefon, -en tele'fo:n
Telefonnummer ... telefonnummer, -numret tele'fo:n-nümmer
Telefonzelle ... telefonkiosk, -en tele'fo:n-chosk

Einkaufen

... die wichtigsten Sätze

Wie viel kostet das?	**Hur mycket kostar det?** hü:r mycke kostar de:?
Das ist mir zu teuer.	**Det är för dyrt.** de: ä:r fö:r dy:rt.
Kann ich mit (dieser) Kreditkarte zahlen?	**Kan jag betala med (det här) kreditkort(et)?** kann ja: be'ta:la me: (de: hä:r) kre'di:t-kurt(et)?
Wo bekomme ich ...?	**Var kan jag få tag på ...?** wa:r kann ja: fo: ta:g po: ...?
Danke, ich sehe mich nur um.	**Tack, jag tittar bara.** tack, ja: tittar ba:ra.
Ich hätte gerne ...	**Jag skulle vilja ha ...** ja: skülle wilja ha: ...
Das gefällt mir nicht so gut.	**Jag tycker inte så mycket om den.** ja: tycker inte so: mycke omm denn.
Ich nehme es.	**Jag tar den.** ja: ta:r denn.
Danke, das ist alles. ▸ *Fragen & Wünsche, S. 132*	**Tack, det var bra så.** tack, de: wa:r bra: so:.

Was ist das?	**Vad är det?**	wa: ä:r de:?

Bitte geben Sie mir 1 Kilo ...
Skulle jag kunna få ett kilo ...
skülle ja: künna fo: ett chi:lo ...

Bitte ein Stück davon.
Ett stycke av det här, tack.
ett stycke a:w de: hä:r, tack.

Kann ich probieren?
▸ *Lebensmittel, S. 137*
Får jag provsmaka?
fo:r ja: pru:w-sma:ka?

Ich suche ...
Jag letar efter ...
ja: le:tar efter ...

Ich habe Größe ...
Jag har storlek ...
ja: ha:r stu:rlek ...

Kann ich das anprobieren?
Får jag prova den?
fo:r ja: pru:wa denn?

Das passt mir nicht.
Det passar mig inte.
de: passar mej inte.

Das passt gut.
▸ *Kleidung, S. 142*
Den passar bra.
denn passar bra:.

Ich habe Schuhgröße ...
Jag har skostorlek ...
ja: ha:r sku:-stu:rlek ...

Sie sind zu groß.
▸ *Schuhe, S. 146*
De är för stora.
domm ä:r fö:r sto:ra.

Fragen & Wünsche

Wie viel kostet das?	**Hur mycket kostar det?** hü:r mycke kostar de:?
Was kostet ...?	**Hur mycket kostar ...?** hü:r mycke kostar ...?
Was kosten ...?	**Hur mycket kostar ...?** hü:r mycke kostar ...?
Können Sie den Preis aufschreiben?	**Kan du skriva upp priset?** kann dü: skriwa 'üpp pri:set?
Das ist mir zu teuer.	**Det är för dyrt.** de: ä:r fö:r dy:rt.
Können Sie mir mit dem Preis entgegenkommen?	**Kan du göra något med priset?** kann dü: gö:ra no:got me: pri:set?
Machen Sie mir einen guten Preis!	**Ge mig ett bra pris!** je: mej ett bra: pri:s!
Kann ich es etwas billiger bekommen?	**Skulle jag kunna få det lite billigare?** skülle ja: künna fo: de: li:te billi'gare?
Geben Sie einen Nachlass, wenn ich bar zahle?	**Får man rabatt om man betalar kontant?** fo:r mann ra'batt omm mann be'ta:lar kon'tant?
Für ... nehme ich es.	**För ... tar jag den.** fö:r ... ta:r ja: denn.
Haben Sie auch etwas Preiswerteres?	**Finns det något prisvärdare?** finns de: no:got pri:s-wärdare?
Haben Sie ein Sonderangebot?	**Finns det något specialerbjudande?** finns de: no:got spesi'a:l-er'bjü:dande?

Kann ich mit ... zahlen?	Kan jag betala med ... kann ja: be'ta:la me: ...
... EC-Karte	... elektronkort? ... elek'tron-kurt?
... (dieser) Kreditkarte	... (det här) kreditkort(et)? ... (de: hä:r) kre'di:t-kurt(et)?
Ich hätte gerne eine Quittung.	Jag skulle gärna vilja ha ett kvitto. ja: skülle jä:rna wilja ha: ett kwitto.
Wo bekomme ich ...?	Var kan jag få tag på ...? wa:r kann ja: fo: ta:g po: ...?

Das könnten Sie hören:

Vad letar du efter?
wa:d le:tar dü: efter?
Was wünschen Sie?

Kan jag hjälpa till med något?
kann ja: jälpa till me: no:got?
Kann ich Ihnen helfen?

Danke, ich sehe mich nur um.	Tack, jag tittar bara. tack, ja: tittar ba:ra.
Ich werde schon bedient.	Tack, jag har redan fått hjälp. tack, ja: ha:r re:dan fott jälp.
Ich hätte gerne ...	Jag skulle vilja ha ... ja: skülle wilja ha: ...

Das könnten Sie hören:

Jag är ledsen, men vi har inga ... kvar.
ja: ä:r lessen, menn wi: ha:r inga ... kwa:r.
Es tut mir leid, wir haben keine ... mehr.

Das gefällt mir nicht so gut.	Jag tycker inte så mycket om den. ja: tycker inte so: mycke omm denn.

Können Sie mir noch etwas anderes zeigen?	**Kan du visa mig något annat?** kann dü: wi:sa mej no:got annat?
Ich muss mir das noch mal überlegen.	**Jag måste fundera på saken.** ja: moste fün'de:ra po: sa:ken.
Ich nehme es.	**Jag tar den.** ja: ta:r denn.

Das könnten Sie hören:

◄ **Får det lov att vara något annat?**
fo:r de: lo:w att wa:ra no:got annat?
Darf es sonst noch etwas sein?

Danke, das ist alles.	**Tack, det var bra så.** tack, de: wa:r bra: so:.
Haben Sie eine Tüte?	**Kan jag få en påse?** kann ja: fo: enn po:se?
Können Sie es als Geschenk einpacken?	**Kan du slå in den som present?** kann dü: slo: inn denn som pre'sent?
Können Sie es mir für die Reise verpacken?	**Kan du slå in den för resan?** kann dü: slo: inn denn fö:r re:san?
Können Sie das nach Deutschland schicken?	**Kan du skicka det till Tyskland?** kann dü: schicka de: till tyskland?
Ich möchte das ...	**Jag skulle vilja ... den.** ja: skülle wilja ... denn.
... umtauschen.	**... byta** ... by:ta
... zurückgeben.	**... lämna tillbaka** ... lämna till'ba:ka

Weitere Wörter

Ausverkauf ..... rea, -n re:a
billig(er) ..... billig(are) billi(gare)
geben ..... ge je:
Geld ..... pengar, -na pengar
Geschenk ..... present, -en pre'sent
(zu) groß ..... (för) stor (för) stu:r
größer ..... större större
kaufen ..... köpa chö:pa
kosten ..... kosta kosta
Kreditkarte ..... kreditkort, -et kre'di:t-kurt
Quittung ..... kvitto, -t kwitto
Schaufenster ..... skyltfönster, -fönstret schylt-fönster
Schlussverkauf ..... utförsäljning, -en ü:t-för'säljning
Selbstbedienung ..... självbetjäning, -en schälw-be'schä:ning
Sonderangebot ..... specialerbjudande, -t
spesi'a:l-er'bjü:dande
(zu) teuer ..... (för) dyr (för) dy:r
Tüte ..... påse, -n po:se
umtauschen ..... byta by:ta
zeigen ..... visa wi:sa
zurückgeben ..... lämna tillbaka lämna till'ba:ka

Geschäfte

Andenkenladen ..... souvenirbutik, -en suwe'nir-bü'ti:k
Antiquitätengeschäft antikvitetsaffär, -en antikwi'te:ts-a'ffär
Apotheke ..... apotek, -et apo'te:k
Bäckerei ..... bageri, -et ba:ge'ri:
Blumengeschäft ..... blomsteraffär, -en blommster-a'ffä:r
Buchhandlung ..... bokhandel, -n bu:k-handel
Drogerie ..... parfymeri, -et parfy:me'ri:

Einkaufszentrum	köpcentrum, -centret chö:p-sentrüm
Elektrohandlung	el-affär, -en e:l-a'ffä:r
Feinkostgeschäft	delikatessaffär, -en delika'tess-a'ffä:r
Fischgeschäft	fiskaffär, -en fisk-a'ffä:r
Fleischerei	charkuteri, -et scharküte'ri:
Flohmarkt	loppmarknad, -en lopp-marknad
Fotogeschäft	fotoaffär, -en fu:to-a'ffä:r
Friseur	frisör, -en fri'sö:r
Haushaltswaren	hushållsartiklar hü:s-holls-ar'tiklar
Juwelier	juvelerare, -n jüwe'le:rare
Kaufhaus	varuhus, -et wa:rü:-hü:s
Kiosk	kiosk, -en chosk
Konditorei	konditori, -et kondito'ri:
Lebensmittelgeschäft	livsmedelsaffär, -en li:ws-me:dels-a'ffä:
Lederwarengeschäft	läderaffär, -en lä:der-a'ffä:r
Markt	marknad, -en marknad
Musikgeschäft	musikaffär, -en mü'si:k-a'ffä:r
Obst und Gemüse	frukt och grönsaker frükt o: grö:n-sa:ker
Optiker	optiker, -n optiker
Parfümerie	parfymeri, -et parfy:me'ri:
Reinigung	kemtvätt, -en che:m-twätt
Schreibwarengeschäft	pappershandel, -n pappersch-handel
Schuhgeschäft	skoaffär, -en sku:-a'ffä:r
Schuhmacher	skomakare, -n sku:-ma:kare
Sportgeschäft	sportaffär, -en spo:rt-a'ffä:r
Supermarkt	stormarknad, -en stu:r-marknad
Süßwaren	godis, -et gu:dis
Tabakwaren	tobaksvaror, -na tu:baks-wa:rur
Uhrmacher	urmakare, -n ü:r-ma:kare
Waschsalon	tvättomat, -en twätto'ma:t
Wurstwaren	korvar, -na korwar
Zeitungsstand	tidningskiosk, -en tidnings-chosk

Lebensmittel

Was ist das?	Vad är det?	wa: ä:r de:?
Bitte ein Stück davon.	Ett stycke av det här, tack.	ett stycke a:w de: hä:r, tack.
Bitte zwei Stück davon.	Två stycken av det här, tack.	two: stycken a:w de: hä:r, tack.
Bitte geben Sie mir ...	Skulle jag kunna få ...	skülle ja: künna fo: ...
... 100 Gramm ...	... ett hekto ...	... ett heckto ...
... 1 halbes Kilo ...	... ett halvt kilo ...	... ett halwt chi:lo ...
... 1 Kilo ...	... ett kilo ...	... ett chi:lo ...
... 1 Liter ...	... en liter ...	... enn li:ter ...
... 1 halben Liter ...	... en halv liter ...	... enn halw li:ter ...
... 4 Scheiben ...	... fyra skivor ...	... fy:ra schi:wur ...
... 1 Stück ...	... ett stycke ...	... ett stycke ...

Das könnten Sie hören:

◂ Får det lov att vara något mer?
fo:r de: lo:w att wa:ra no:got me:r?
Darf es etwas mehr sein?

Etwas weniger bitte.	Lite mindre, tack.	li:te mindre, tack.
Etwas mehr bitte.	Lite mer, tack.	li:te me:r, tack.
Kann ich probieren?	Får jag provsmaka?	fo:r ja: pru:w-sma:ka?

Info

Alkohol kann man in Schweden nur in den staatseigenen Geschäften Systembolaget kaufen. Da er nur an über 20-Jährige verkauft werden darf, empfiehlt es sich, immer einen Ausweis dabei zu haben. Verglichen mit deutschen Preisen ist Alkohol in Schweden sehr teuer. Im Supermarkt gibt es nur leichtes Bier mit weniger als 3,5 % Alkoholgehalt.

Weitere Wörter

Ananas .... ananas, -en ana'nas
Apfel .... äpple, -t äpple
Apfelsaft .... äppeljuice, -n äppel-ju:s
Aprikose .... aprikos, -en apri'ko:s
Artischocke .... kronärtskocka, -n kru:n-ärtsch-kocka
Aubergine .... aubergine, -n o:ber'schi:n
Avocado .... avokado, -n awo'ka:do
Banane .... banan, -en ba'na:n
Basilikum .... basilika, -n ba'si:lika
Bier .... öl, -en ö:l
alkoholfreies Bier .... alkoholfri öl alko'ho:l-fri: ö:l
Birne .... päron, -et pä:ron
grüne Bohnen .... gröna bönor grö:na bö:nur
weiße Bohnen .... vita bönor wi:ta bö:nur
Brokkoli .... broccoli, -n brockoli
Brot .... bröd, -et brö:d
Brötchen .... fralla, -n fralla
Butter .... smör, -et smör
Chicorée .... endivsallad, -en en'di:w-sallad
Cidre .... cider, -n si:der
Ei .... ägg, -et ägg

Eis	glass, -en glass
Erbsen	ärtor, -na ärtur
Erdbeeren	jordgubbar, -na ju:rd-gübbar
Erdnüsse	jordnötter, -na ju:rd-nötter
Essig	vinäger, -n wi'nä:ger
Esskastanien	ätliga kastanjer ä:tliga kas'tanjer
Estragon	dragon, -en dra'gu:n
Fisch	fisk, -en fisk
Fleisch	kött, -et chött
Geflügel	fågel, -n fo:gel
Gemüse	grönsaker, -na grö:n-sa:ker
Gewürze	kryddor, -na kryddur
Grieß	mannagryn, -et manna'gry:n
Gurke *(Salatgurke)*	gurka, -n gürka
eingelegte Gurken	inlagd gurka inn-lagd gürka
Hackfleisch	köttfärs, -en chött-färsch
Haferflocken	havregryn, -et ha:wre-gry:n
Hähnchen	kyckling, -en chyckling
Haselnüsse	hasselnötter, -na hassel-nötter
Himbeeren	hallon, -en hallon
Honig	honung, -en ho:nüng
Joghurt	yogurth, -en jo:gürt
Kaffee	kaffe, -t kaffe
Kakao	kakao, -n ka:kao
Kalbfleisch	kalvkött, -et kalw-chött
Kartoffeln	potatisar, -na po'ta:tisar
Käse	ost, -en u:st
Kekse	kex, -et cheks
Ketchup	ketchup, -en ketchüp
Kirschen	körsbär, -en chörs-bä:r
Kiwi	kiwi, -n ki:wi
Knoblauch	vitlök, -en wi:t-lö:k
Kohl	kål, -en ko:l

ohne Konservierungsstoffe	**utan konserveringsmedel** ü:tan konser'we:rings-me:del
Kräuter	**örter, -na** ö:rter
Kräutertee	**örtte, -et** ö:rt-te:
Kuchen	**kaka, -n** ka:ka
Lammfleisch	**lammkött, -et** lamm-chött
Lauch	**purjolök, -en** pürju-lö:k
Leberpastete	**leverpastej, -en** le:wer-pas'tej
Limonade	**läsk, -en** läsk
Mais	**majs, -en** mais
Margarine	**margarin, -et** marga'ri:n
Marmelade	**marmelad, -en** marme'la:d
Melone	**melon, -en** me'lu:n
Milch	**mjölk, -en** mjölk
fettarme Milch	**lättmjölk, -en** lätt-mjölk
Mineralwasser mit Kohlensäure	**mineralvatten med kolsyra** mine'ra:l-watten me: ko:l-sy:ra
Möhren	**morötter, -na** mu:rötter
Müsli	**müsli, -n** mü:sli
Nektarine	**nektarin, -en** nekta'ri:n
Nudeln	**pasta, -n** pasta
Obst	**frukt, -en** frükt
Öl	**olja, -n** olja
Oliven	**oliver, -na** o'li:wer
Olivenöl	**olivolja, -n** o'li:w-olja
Ölsardinen	**sardiner inlagda i olja** sar'di:ner inn-lagda i olja
Orange	**apelsin, -en** apel'si:n
Orangensaft	**apelsinjuice, -en** apel'si:n-ju:s
Oregano	**oregano, -n** ore'ga:no
Paprika *(Gewürz)*	**paprika, -n** pa:prika
Paprikaschote	**paprika, -n** pa:prika
Peperoni	**peperoni, -n** peppe'ro:ni
Petersilie	**persilja, -n** per'schilja

Pfeffer	peppar, -n peppar
Pfirsich	persika, -n pe:rschika
Pflaume	plommon, -et plummon
Pilze	svampar, -na swampar
Reis	ris, -et ri:s
Rindfleisch	nötkött, -et nö:t-chött
Rosmarin	rosmarin, -en ro:sma'ri:n
Rotwein	rött vin rött wi:n
Saft	juice, -n ju:s
Sahne	grädde, -n grädde
Salami	salami, -n sa'la:mi
Salat	sallad, -en sallad
Salz	salt, -et salt
Schinken	skinka, -n schinka
gekochter Schinken	kokt skinka ku:kt schinka
Schnittlauch	gräslök, -en grä:s-lö:k
Schnitzel	schnitzel, -n schnitsel
Schokolade	choklad, -en scho'kla:d
Schwarzbrot	mörkt bröd mörkt brö:d
Schweinefleisch	fläskkött, -et fläsk-chött
Spargel	sparris, -en sparris
Spinat	spenat, -en spe'na:t
Steak	biff, -en biff
Süßstoff	sötningsmedel, -medlet sö:tnings-me:del
Tee	te, -et te:
Thunfisch	tonfisk, -en tu:n-fisk
Thymian	timjan, -en ti:mjan
Tomate	tomat, -en to'ma:t
Vollkornbrot	fullkornsbröd, -et füll-ku:rns-brö:d
Walnuss	valnöt, -en wal-nö:t
Wassermelone	vattenmelon, -en watten-me'lu:n
Wein	vin, -et wi:n
Weintrauben	vindruvor, -na wi:n-drü:wur

Weißbrot	vitt bröd witt brö:d
Weißwein	vitt vin witt wi:n
Wurst(aufschnitt)	kallskuret, - kall-skü:ret
Würstchen	korv, -en korw
Zucchini	zucchini, -n tsü'kini
Zucker	socker, sockret socker
Zwieback	skorpa, -n skorpa
Zwiebel	lök, -en lö:k

Kleidung

Ich suche ... — Jag letar efter ... ja: le:tar efter ...

Das könnten Sie hören:

◂ Vilken storlek har du?
wilken stu:rlek ha:r dü:?
Welche Größe haben Sie?

Ich habe (die deutsche) Größe ... — Jag har (tysk) storlek ...
ja: ha:r (tysk) stu:r-lek ...

Haben Sie das auch in Größe ...? — Finns den också i storlek ...?
finns denn ockso: i stu:rlek ...?

Haben Sie das auch in einer anderen Farbe? — Finns den också i en annan färg?
finns denn ockso: i enn annan färj?

▸ *Farben, S. 144*

Welches Material ist das? — Vilket material är det här?
wilket materi'a:l ä:r de: hä:r?

Kann ich das anprobieren? — Får jag prova den?
fo:r ja: pru:wa denn?

Wo sind die Umkleidekabinen?	**Var är provrummen?** wa:r ä:r pru:w-rümmen?
Wo ist ein Spiegel?	**Var finns en spegel?** wa:r finns enn spe:gel?
Es steht mir nicht.	**Den passar mig inte.** denn passar mej inte.
Das passt mir nicht.	**Det passar mig inte.** de: passar mej inte.
Das ist mir zu ...	**Den är för ...** denn ä:r för ...
... groß.	**... stor.** ... stu:r.
... klein.	**... liten.** ... li:ten.
Das passt gut.	**Den passar bra.** denn passar bra:.

Stoffe

Baumwolle	**bomull, -en** bum'üll
Filz	**filt, -en** filt
Fleece	**fleece, -n** fli:s
Kaschmir	**kaschmir, -en** kasch'mi:r
Leder	**läder, lädret** lä:der
Leinen	**linne, -t** linne
Mikrofaser	**mikrofiber, -n** mikro-fi:ber
Naturfaser	**naturfiber, -n** na'tü:r-fi:ber
Schafwolle	**fårull, -en** fo:r-üll
reine Schurwolle	**ren ny ull** re:n ny: üll
Seide	**siden, -et** si:den
Synthetik	**syntetmaterial, -et** syn'te:t-materi'a:l
Wildleder	**mokaskinn, -et** mocka-schinn
Wolle	**ull, -en** üll

Info

Um an Schnäppchen zu kommen, sollten Sie auf die Schilder REA (Schlussverkauf) achten. In Schweden gelten dieselben Konfektionsgrößen wie in Deutschland.

Farben

beige	beige be:sch
blau	blå blo:
braun	brun brü:n
bunt	färgglad färj-gla:d
dunkelblau	mörkblå mörk-blo:
dunkelrot	mörkröd mörk-rö:d
einfarbig	enfärgad e:n-färjad
gelb	gul gü:l
golden	guldfärgad güld-färjad
grau	grå gro:
grün	grön grö:n
hellblau	ljusblå jü:s-blo:
lila	lila li:la
pink	mörkrosa mörk-ro:sa
rosa	ljusrosa jü:s-ro:sa
rot	röd rö:d
schwarz	svart swart
silbern	silver silwer
türkis	turkos tür'ko:s
weiß	vit wi:t

Weitere Wörter

Anorak	annorak, -en anno'rack
Anzug	kostym, -en kos'ty:m
kurze Ärmel	kortärmad kort-ärmad
lange Ärmel	långärmad long-ärmad
Badeanzug	baddräkt, -en ba:d-dräkt
Badehose	badbyxor, -na ba:d-byksur
Bademantel	badrock, -en ba:d-rock
BH	BH, -n be:ho:
Bikini	bikini, -n bi'ki:ni
Blazer	blazer, -n blejser
Bluse	blus, -en blü:s
Gürtel	bälte, -t bälte
Halstuch	halsduk, -en hals-dü:k
Handschuhe	handskar, -na hand-skar
Hemd	skjorta, -n schu:rta
Hose	byxor, -na byksur
Hut	hatt, -en hatt
Jacke	jacka, -n jacka
Jeans	jeans, -en ji:ns
Jogginghose	joggingbyxor, -na jogging-byksur
Kleid	klänning, -en klänning
Kostüm	kostym, -en kos'ty:m
Krawatte	slips, -en slips
kurz	kort kort
lang	lång long
Leggins	tajts, -en taits
Mantel *(Herren)*	rock, -en rock
Mantel *(Damen)*	kappa, -n kappa
Mütze	mössa, -n mössa
Pullover	yttertröja, -n ytter-tröija
Regenjacke	regnjacka, -n regn-jacka

Regenmantel	regnkappa, -n regn-kappa
Reißverschluss	blixtlås, -et blikst-lo:s
Rock	kjol, -en chu:l
Sakko	kavaj, -en ka'wai
Schal	halsduk, -en hals-dü:k
Schlafanzug	pyjamas, -en py'ja:mas
Shorts	shorts, -en scho:rts
Slip *(für Damen)*	trosa, -n tru:sa
Slip *(für Herren)*	kalsong, -en kalsong
Socken	sockor, -na sockur
Sonnenhut	solhatt, -en su:l-hatt
Strumpfhose	strumpbyxor, -na strümp-byksur
T-Shirt	t-shirt, -en ti-schört
Unterwäsche	underkläder, -na ünder-klä:der
Weste	väst, -en wäst

Schuhe

Ich möchte ein Paar ... — Jag skulle vilja ha ett par ...
ja: skülle wilja ha: ett pa:r ...

Das könnten Sie hören:

◂ Vilken skostorlek har du?
wilken sku:-stu:rlek ha:r dü:?
Welche Schuhgröße haben Sie?

Ich habe Schuhgröße ... — Jag har skostorlek ...
ja: ha:r sku:-stu:rlek ...

Der Absatz ist zu ... — Klacken är för ... klacken ä:r fö:r ...

... hoch. — ... hög. ... hö:g.

... niedrig. — ... låg. ... lo:g.

Sie sind zu ...	De är för ... domm ä:r fö:r ...
... groß.	... stora. ... stu:ra.
... klein.	... små. ... smo:.
Sie drücken hier.	De trycker här. domm trycker hä:r.
Bitte erneuern Sie die Absätze.	Jag skulle vilja få dem omklackade. ja: skülle wilja fo: domm omm-klackade.
Bitte erneuern Sie die Sohlen.	Jag skulle vilja ha nya sulor. ja: skülle wilja ha: ny:a sü:lur.

Weitere Wörter

Badeschuhe	badtofflor, -na ba:d-tofflur
Einlegesohlen	inläggssulor, -na inn-läggs-'sü:lur
eng	trång trong
Größe	storlek, -en stu:rlek
Gummistiefel	gummistövlar, -na gümmi-stöwwlar
Halbschuhe	lågskor, -na lo:g-sku:r
Ledersohle	lädersula, -n lä:der-sü:la
Pumps	pumps, -en pömps
Sandalen	sandaler, -na san'da:ler
Schnürsenkel	skosnöre, -t sku:-snö:re
Schuhcreme	skokräm, -en sku:-krä:m
Schuhe	skor, -na sku:r
Schuhputzmittel	skorengöringsmedel, -medlet sku:-re:n-jörings-me:del
Stiefel	stövlar, -na stöwwlar
Turnschuhe	gymnastikskor, -na jymna'sti:k-sku:r
Wanderschuhe	vandringsskor, -na wandrings-sku:r
Wildleder	mockaskinn, -et mocka-schinn

Uhren & Schmuck

Ich suche ein hübsches ...	Jag letar efter en fin ... ja: le:tar efter enn fi:n ...
... Andenken.	... souvenir. ... suwe'ni:r.
... Geschenk.	... present. ... pre'sent.

Das könnten Sie hören:

◂Hur mycket får det kosta?
hü:r mycke fo:r de: kosta?
Wie viel darf es denn kosten?

Woraus ist das?	Vad är det gjort av? wa:d ä:r de: ju:rt a:w?
Ich brauche eine neue Batterie für die Uhr.	Jag behöver ett nytt klockbatteri. ja: be'hö:wer ett nytt klock-batte'ri:.

Weitere Wörter

Anhänger	hängsmycke, -t häng-smycke
Armband	armband, -et arm-band
Brosche	brosch, -en brosch
Gold	guld, -et güld
Kette	kedja, -n che:dja
Ohrringe	örhängen, -na ö:r-hängen
Perle	pärla, -n pä:rla
Ring	ring, -en ring
Schmuck	smycke, -t smycke
Silber	silver, silvret silwer
Uhrarmband	klockarmband, -et klock-arm-band
vergoldet	förgyllt för'jyllt

Körperpflege

allergiegetestet	allergitestat aller'gi:-testat
Babyfläschchen	nappflaska, -n napp-flaska
Babypuder	babypuder, -pudret bejbi:-pü:der
Binden *(Damenbinden)*	bindor, -na bindur
Bürste	borste, -n borschte
Deo	deodorant, -en deodo'rant
Duschgel	duschkräm, -en düsch-krä:m
feuchte Tücher	våtservetter, -na wo:t-ser'wetter
Haargel	hårgelé, -n ho:r-sche'le:
Haargummi	hårtofs, -en ho:r-tofs
Haarklammern	hårnål, -en ho:r-no:l
Haarspange	hårspänne, -t ho:r-spänne
Haarspray	hårspray, -et ho:r-sprej
Handcreme	handkräm, -en hand-krä:m
Kajalstift	kajalpenna, -n ka'ja:l-penna
Kamm	kam, -men kamm
Kondome	kondomer, -na kon'do:mer
Körperlotion	kroppslotion, -en kropps-'lo:schen
Kosmetiktücher	pappershanddukar, -na pappersch-hand-dü:kar
Lichtschutzfaktor	solskyddsfaktor, -n su:l-schydds-faktor
Lidschatten	ögonskugga, -n ö:gon-skügga
Lippenpflegestift	läppbalsam, -et läpp-balsam
Lippenstift	läppstift, -et läpp-stift
Mückenschutz	myggskydd, -et mygg-schydd
Nachtcreme	nattkräm, -en natt-krä:m
Nagelbürste	nagelborste, -n na:gel-borschte
Nagelfeile	nagelfil, -en na:gel-fi:l
Nagellack	nagellack, -et na:gel-lack

Nagellackentferner	nagellacksborttagare, -n na:gel-lacks-bo:rt-ta:gare
Nagelschere	nagelsax, -en na:gel-saks
Papiertaschentücher	pappersnäsdukar, -na pappersch-nä:s-dü:kar
Parfüm	parfym, -en par'fy:m
parfümfrei	parfymfri par'fym-fri:
Pflaster	plåster, plåstret ploster
Pinzette	pincett, -en pin'sett
Rasierklinge	rakblad, -et ra:k-bla:d
Rasierschaum	raklödder, raklöddret ra:k-lödder
Reinigungsmilch	rengöringsmjölk, -en re:n-jö:rings-mjölk
Rouge	rouge, -t ru:sch
Sauger	napp, -en napp
Schaumfestiger	hårmousse, -t ho:r-muss
Schnuller	napp, -en napp
Seife	tvål, -en two:l
Shampoo	schampo, -t schampo
Sonnencreme	solkräm, -en su:l-krä:m
Sonnenmilch	sollotion, -en su:l-'lo:schen
Spiegel	spegel, -n spe:gel
Tagescreme	dagkräm, -en da:g-krä:m
Tampons	tamponger, -na tam'ponger
Toilettenpapier	toalettpapper, -pappret toa'lett-papper
Waschlappen	tvättlapp, -en twätt-lapp
Watte	bomull, -en bu:m'üll
Wattestäbchen	bomullstops, -en bu:m'ülls-tops
Wimperntusche	mascara, -n mas'ka:ra
Zahnbürste	tandborste, -n tand-borschte
elektrische Zahnbürste	elektrisk tandborste e'lektrisk tand-borschte
Zahnpasta	tandkräm, -en tand-krä:m
Zahnseide	tandtråd, -en tand-tro:d
Zahnstocher	tandpetare, -n tand-pe:tare

Haushalt

Alufolie	aluminiumfolie, -t alü'mi:nium-fu:lje
Batterie	batteri, -et batte'ri:
Besen	kvast, -en kwast
Brennspiritus	rödsprit, -en rö:d-spri:t
Bügeleisen	strykjärn, -et stry:k-jä:rn
Dosenöffner	burköppnare, -n bürk-öppnare
Eimer	hink, -en hink
Feuerzeug	tändare, -n tändare
Flaschenöffner	flasköppnare, -n flask-öppnare
Fleckenentferner	fläckborttagare, -n fläck-bo:rt-ta:gare
Föhn	fön, -en fö:n
Frischhaltefolie	plastfolie, -t plast-fu:lje
Gabel	gaffel, -n gaffel
Glas	glas, -et gla:s
Glühlampe	glödlampa, -n glö:d-lampa
Grillanzünder	grillvätska, -n grill-wätska
Grillkohle	grillkol, -en grill-ko:l
Insektenspray	insektsspray, -et in'sekts-sprej
Kerzen	ljus, -en jü:s
Korkenzieher	korkskruv, -en kork-skrü:w
Küchenrolle	hushållspapper, -pappret hü:s-holls-papper
Kühltasche	kylväska, -n chy:l-wäska
Löffel	sked, -en sche:d
Messer	kniv, -en kni:w
Moskitospirale	myggspiral, -en mygg-spi'ra:l
Nähgarn	sytråd, -en sy:-tro:d
Nähnadel	synål, -en sy:-no:l
Pfanne	stekpanna, -n ste:k-panna
Plastikbecher	plastbägare, -n plast-bä:gare
Plastikbesteck	plastbestick, -en plast-be'stick

Plastikteller	plasttallrik, -en plast-tall'ri:k
Rasierapparat	rakapparat, -en ra:k-appa'ra:t
Reinigungsmittel	rengöringsmedel, -medlet re:n-jö:rings-me:del
Schere	sax, -en saks
Servietten	servetter, -na ser'wetter
Sicherheitsnadel	säkerhetsnål, -en sä:kerhe:ts-no:l
Spülmittel	diskmedel, -medlet disk-me:del
Spültuch	disktrasa, -n disk-tra:sa
Streichhölzer	tändstickor, -na tänd-stickur
Taschenlampe	ficklampa, -n fick-lampa
Taschenmesser	fickkniv, -en fick-kni:w
Taschenrechner	miniräknare, -n mini-rä:knare
Tasse	kopp, -en kopp
Tauchsieder	doppvärmare, -n dopp-wä:rmare
Teller	tallrik, -en tall'ri:k
Thermosflasche	termos, -en termus
Topf	gryta, -n gry:ta
Verlängerungsschnur	förlängningssladd, -en för'längnings-sladd
Waschmittel	tvättmedel, -medlet twätt-me:del
Wäscheklammern	klädnypor, -na klä:d-ny:pur
Wäscheleine	tvättlina, -n twätt-li:na
Waschpulver	tvättmedel, -medlet twätt-me:del
Wasserkocher	vattenkokare, -n watten-ku:kare
Wecker	väckarklocka, -n wäckar-klocka
Wischlappen	dammtrasa, -n damm-tra:sa

Optiker

Meine Brille ist kaputt.	Mina glasögon har gått sönder. mi:na gla:s-ö:gon ha:r gott sönder.
Können Sie das reparieren?	Går det att laga? go:r de: att la:ga?
Ich möchte eine Sonnenbrille.	Jag skulle vilja köpa ett par solglasögon. ja: skülle wilja chö:pa ett pa:r su:l-gla:s-ö:gon.
Ich brauche Eintages-linsen.	Jag behöver endagslinser. ja: be'hö:wer e:n-da:gs-linser.
Ich bin ...	Jag är ... ja: ä:r ...
... kurzsichtig.	... närsynt. ... nä:r-sy:nt.
... weitsichtig.	... långsynt. ... long-sy:nt.

Das könnten Sie hören:

Hur många dioptrier har du?
hü:r monga diop'tri:er ha:r dü:?
Wie viel Dioptrien haben Sie?

Ich habe links ... Diop-trien und rechts ... Dioptrien.	Jag har ... dioptrier på det vänstra och ... på det högra. ja: ha: ... diop'tri:er po: de: wänstra o: ... po: de: hö:gra.
Ich habe eine Kontaktlinse ...	Jag har ... en kontaktlins. ja: ha:r ... enn kon'takt-lins.
... verloren.	... tappat ... tappat
... kaputt gemacht.	... gjort sönder ... ju:rt sönder

Ich brauche Aufbewahrungslösung für ... Kontaktlinsen.	**Jag behöver linsvätska för ... kontaktlinser.** ja: be'hö:wer lins-wätska för ... kon'takt-linser.
... harte	**... hårda** ... ho:rda
... weiche	**... mjuka** ... mjü:ka
Ich brauche Reinigungslösung für ... Kontaktlinsen.	**Jag behöver rengöringsvätska för ... kontaktlinser.** ja: be'hö:wer re:n-jö:rings-wätska för ... kon'takt-linser.
... harte	**... hårda** ... ho:rda
... weiche	**... mjuka** ... mjü:ka

Fotoartikel

Ich hätte gern ...	**Jag skulle vilja ha ...** ja: skülle wilja ha: ...
... eine Speicherkarte.	**... ett chipkort.** ... ett chip-kurt.
... einen USB-Stick.	**... ett USB-stick.** ... ett ü:ess'be:-stick.
... einen Diafilm.	**... en diafilm.** ... enn di:a-film.
... einen Film mit ... ASA.	**... en film med ... ASA.** ... enn film me: ... a:sa.
Ich brauche ... für diesen Apparat.	**Jag behöver ... till den här apparaten.** ja: be'hö:wer ... till denn hä:r appa'ra:ten.
... Batterien	**... batterier** ... batte'ri:er
... Akkus	**... uppladdninggsbara batterier** ... üpp-laddnings-ba:ra batter'i:er

Ich möchte gerne Passbilder machen lassen.	Jag skulle vilja ta passbilder. ja: skülle wilja ta: pass-bilder.
Kann ich hier Fotos ausdrucken?	Kan jag skriva ut foton här? kann ja: skri:wa ü:t futon hä:r?
Die Abzüge bitte ...	Korten ..., tack. kurten ..., tack.
... matt.	... matta ... matta
... glänzend.	... blanka ... blanka
... im Format 9 × 13.	... i format 9 × 13 ... i for'mat ni:o gonger tretton
... im Format 10 × 15.	... i format 10 × 15 ... i for'mat ti:o gonger femton
Wann sind die Bilder fertig?	När är korten klara? nä:r ä:r kurten kla:ra?
Können Sie die Bilder von meiner Kamera auf ... brennen?	Kan du bränna bilderna från min kamera på ... kann dü: bränna bilderna fro:n minn ka:mera po: ...
... CD	... CD? ... se:de:?
... DVD	... DVD? ... dewede?
Können Sie meinen Fotoapparat reparieren?	Kan du laga min kamera? kann dü: la:ga minn ka:mera?
Der Auslöser funktioniert nicht.	Utlösaren fungerar inte. ü:t-lö:saren fün'ge:rar inte.
Das Blitzlicht funktioniert nicht.	Blixten fungerar inte. bliksten fün'ge:rar inte.

Weitere Wörter

Akkus	uppladdningsbara batterier üpp-laddnings-ba:ra batte'ri:er
Batterien	batterier, -na batte'ri:er
Bild	bild, -en bild
Blitz	blixt, -en blikst
Digitalkamera	digitalkamera, -n digi'ta:l-ka:mera
drucken	skriva ut skri:wa ü:t
DVD	DVD, -n dewede
Empfindlichkeit	ömtålighet, -en ömm-to:lihe:t
filmen	filma filma
Filter	filter, filtret filter
Fotoapparat	kamera, -n ka:mera
Fototasche	kameraväska, -n ka:mera-wäska
Ladegerät	laddare, -n laddare
Objektiv	objektiv, -et objek'ti:w
Selbstauslöser	självutlösare, -n schälw-ü:t-lö:sare
Speicherkarte	chipkort, -et chip-kurt
Speicherkarten-lesegerät	chipkortläsare, -n chip-kurt-läsare
Spiegelreflexkamera	spegelreflexkamera, -n spe:gel-re'fleks-ka:mera
Stativ	stativ, -et sta'ti:w
Teleobjektiv	teleobjektiv, -et tele-objek'ti:w
USB-Stick	USB-stick, -et ü:ess'be:-stick
UV-Filter	UV-filter, -filtret ü:we:-filter
Verbindungskabel	anslutningskabel, -n annslü:tnings-ka:be
Videokamera	videokamera, -n wi:deo-ka:mera
Weitwinkelobjektiv	vidvinkelobjektiv, -et wi:d-winkel-objek'ti:w
Zoomobjektiv	zoomobjektiv, -et su:m-objek'ti:w

Souvenirs

Ich möchte ...	Jag skulle vilja ha ... ja: skülle wilja ha: ...
... ein hübsches Andenken.	... en fin souvenir. ... enn fi:n suwe'ni:r.
... ein Geschenk.	... en present. ... enn pre'sent.
... etwas Typisches aus dieser Gegend.	... något som är typiskt för det här området. ... no:got som ä:r ty:piskt fö:r de: hä:r ommro:det.
Ist das Handarbeit?	Är det handgjort? ä:r de: hand-ju:rt?
Ist das ...	Är det ... ä:r de: ...
... antik?	... antikt? ... an'ti:kt?
... echt?	... äkta? ... äkta?

fo

In allen Regionen finden Sie Souvenirläden mit schwedischen Handarbeits- oder Kunstgewerbeartikeln. Die bekanntesten Mitbringsel sind osthyvel u:st-hyvel (Käsehobel), Elch-/Rentierwurst oder -fleisch, Artikel aus den Glashütten in Småland und dalahästar da:la-hästar (Holzpferdchen), die in Dalarna aus Holz geschnitzt und bunt bemalt werden.

Weitere Wörter

Andenken	souvenir, -en suwe'ni:r
antik	antik an'ti:k
Antiquität	antikvitet, -en antikwi'te:t
Becher	bägare, -n bä:gare
Decke	täcke, -t täcke
Geschirr	porslin, -et por'schli:n
Glashandwerk	glashantverk, -et gla:s-hant-werk
Gürtel	bälte, -t bälte
Handarbeit	handarbete, -t hand-arbe:te
handgemalt	handmålad hand-mo:lad
Handtasche	handväska, -n hand-wäska
Holzpferdchen *(aus der Provinz Dalarna)*	dalahäst, -en da:la-häst
Kanne	kanna, -n kanna
Keramik	keramik, -en chera'mi:k
Kunsthandwerk	konsthantverk, -et konst-hant-werk
Leder	läder, lädret lä:der
Schmuck	smycke, -t smycke
Schüssel	skål, -en sko:l
Seidentuch	sidensjal, -en si:den-scha:l
Spitze	spets, -en spets
Steingut	stengods, -et ste:n-guds
Tasse	kopp, -en kopp
Tischdecke	duk, -en dü:k
Töpferware	keramik, -en chera'mi:k
Trinkschale	skål, -en sko:l
Vase	vas, -en wa:s
Zertifikat	certifikat, -et sertifi'ka:t

Schreibwaren & Tabakwaren

Ich hätte gerne ...	Jag skulle vilja ha ... ja: skülle wilja ha: ...
... eine (deutsche) Zeitung.	... en (tysk) tidning. ... enn (tysk) ti:dning.
... eine (deutsche) Zeitschrift.	... ett (tyskt) magasin. ... ett (tyskt) maga'si:n.
... eine Karte der Umgebung.	... en karta över omgivningen. ... enn ka:rta ö:wer omm-'ji:wningen.
... einen Stadtplan.	... en stadskarta. ... enn stads-ka:rta.
Haben Sie auch eine neuere Zeitung?	Har du även en nyare tidning? ha:r dü: ä:wen enn ny:are ti:dning?
Haben Sie deutsche Bücher?	Har du tyska böcker? ha:r dü: tyska böcker?
Eine Stange ..., bitte.	En limpa ..., tack. enn limpa ..., tack.
Eine Schachtel Zigaretten ... Filter, bitte.	Ett paket cigaretter ... filter, tack. ett pa'ke:t siga'retter ... filter, tack.
... mit	... med ... me:
... ohne	... utan ... ü:tan
Ein Päckchen ..., bitte.	Ett paket ..., tack. ett pa'ke:t ..., tack.
... Pfeifentabak	... piptobak ... pi:p-tu:bak
... Zigarettentabak	... cigarettobak ... siga'rett-tu:bak
Ein Feuerzeug, bitte.	En tändare, tack. enn tändare, tack.
Einmal Streichhölzer, bitte.	En ask tändstickor, tack. enn ask tänd-stickur, tack.

Weitere Wörter

Ansichtskarte .... vykort, -et wy:-kurt
Bleistift .... bläckpenna, -n bläck-penna
Briefpapier .... brevpapper, -pappret bre:w-papper
Briefumschlag .... kuvert, -et kü'wä:r
Filzstift .... filtpenna, -n filt-penna
Illustrierte .... damtidning, -en da:m-ti:dning
Klebeband .... tejp, -en tejp
Klebstoff .... klister, klistret klister
Kochbuch .... kokbok, -en ku:k-bu:k
Krimi .... deckare, -n deckare
Kugelschreiber .... kulspetspenna, -n kü:l-spets-penna
Papier .... papper, pappret papper
Pfeife .... pipa, -n pi:pa
Pfeifenreiniger .... piprensare, -n pi:p-rensare
Radiergummi .... suddgummi, -t südd-gümmi
Radtourenkarte .... cykelkarta, -n syckel-ka:rta
Reiseführer .... guidebok, -en gaid-bu:k
Roman .... roman, -en ro'ma:n
Schreibblock .... kollegieblock, -et ko'lle:gje-block
Spielkarten .... (spel)kort, -en (spe:l)kurt
Spitzer .... pennvässare, -n penn-wässare
Straßenkarte .... vägkarta, -n wä:g-ka:rta
Tabak .... tobak, -en tu:bak
Wanderkarte .... vandringskarta, -n wandrings-ka:rta
Wörterbuch .... ordbok, -en u:rd-bu:k
Zigaretten .... cigaretter, -na siga'retter
Zigarillos .... cigariller, -na siga'riller
Zigarren .... cigarrer, -na si'garrer

Aktivitäten

... die wichtigsten Sätze

Wo geht es zum Strand?
Hur kommer jag till stranden?
hü:r kommer ja: till stranden?

Darf man hier baden?
Får man bada här?
fo:r mann ba:da hä:r?

Ist es für Kinder gefährlich?
Är det farligt för barn?
ä:r de: fa:rlit för ba:rn?

Ich möchte einen Liegestuhl ausleihen.
▸ *Baden, S. 164*
Jag skulle vilja hyra en solstol.
ja: skülle wilja hy:ra enn su:l-stu:l.

Darf ich mitspielen?
▸ *Spiele, S. 170*
Får jag vara med och spela?
fo:r ja: wa:ra me: o: spe:la?

Ich möchte nach ... wandern.
Jag skulle vilja vandra till ...
ja: skülle wilja wandra till ...

Können Sie mir eine leichte Tour empfehlen?
Skulle du kunna rekommendera en lätt tur?
skülle dü: künna rekommen'de:ra enn lätt tü:r?

Ist der Weg gut markiert?
Är vägen väl markerad?
ä:r wä:gen vä:l mar'ke:rad?

Wie weit ist es noch bis ...?
▸ *Wandern & Trekking, S. 172*
Hur långt är det kvar till ...?
hü:r longt ä:r de: kwa:r till ...?

Ich möchte ein Fahrrad mieten.
Jag skulle vilja hyra en cykel.
ja: skülle wilja hy:ra enn syckel.

Ich möchte es für einen Tag mieten.
▸ *Rad fahren, S. 174*
Jag skulle vilja hyra den i en dag.
ja: skülle wilja hy:ra denn i enn da:g.

Wie viel kostet der Eintritt?
Hur mycket kostar inträdet?
hü:r mycke kostar inn-trä:det?

Eine Karte bitte.
En biljett, tack.
enn bill'jett, tack.

Darf man fotografieren?
▸ *Besichtigungen, S. 179*
Får man fotografera?
fo:r mann futogra'fe:ra?

Wann beginnt die Vorstellung?
▸ *Theater, Kino, Musik, S. 185*
När börjar föreställningen?
nä:r börjar före-'ställningen?

Gibt es hier eine nette Kneipe?
Finns det någon trevlig pub här?
finns de: no:gon tre:wli püb hä:r?

Ist hier noch frei?
▸ *Ausgehen, S. 188*
Är det ledigt här?
ä:r de: le:dit hä:r?

Baden

Wo geht es zum Strand?	**Hur kommer jag till stranden?** hü:r kommer ja: till stranden?
Darf man hier baden?	**Får man bada här?** fo:r mann ba:da hä:r
Gibt es hier Strömungen?	**Är det strömt här?** ä:r de: strömmt hä:r?
Ist es für Kinder gefährlich?	**Är det farligt för barn?** ä:r de: fa:rlit för ba:rn?
Wann ist ...	**När är det ...** nä:r ä:r de: ...
... Ebbe?	**... ebb?** ... ebb?
... Flut?	**... flod?** ... flu:d?
Gibt es hier Quallen?	**Finns det maneter här?** finns de: ma'ne:ter hä:r?
Ich möchte ... ausleihen.	**Jag skulle vilja hyra ...** ja: skülle wilja hy:ra ...
... einen Liegestuhl	**... en solstol.** ... enn su:l-stu:l.
... einen Sonnenschirm	**... ett parasoll.** ... ett para'soll.
... ein Boot	**... en båt.** ... enn bo:t.
Ich möchte einen ... machen.	**Jag skulle vilja göra en ...** ja: skülle wilja jö:ra enn ...
... Tauchkurs	**... dykkurs.** ... dy:k-kürsch.
... Windsurfkurs	**... surfkurs.** ... sürf-kürsch.
Kann man mit einem Fischerboot mitfahren?	**Kan man åka med på en fiskebåt?** kann mann o:ka me: po: enn fiske-bo:t?

Wie viel kostet es pro ...	Hur mycket kostar det per ... hü:r mycke kostar de: per ...
... Stunde?	... timme? ... ti:mme?
... Tag?	... dag? ... da:g?
Können Sie kurz auf meine Sachen aufpassen?	Kan du hålla ett öga på mina saker ett litet tag? kann dü: holla ett ö:ga po: mi:na sa:ker ett li:tet ta:g?
Gibt es hier ein ...	Finns det något ... här? finns de: no:got ... hä:r?
... Freibad?	... utomhusbad ... ü:tom-hü:s-ba:d
... Hallenbad?	... inomhusbad ... inom-hü:s-ba:d
Gibt es auch ein Kinderbecken?	Finns det en barnbassäng också? finns de: enn ba:rn-ba'ssäng ockso:?
Welche Münzen brauche ich für ...	Vilka mynt behöver jag för ... wilka mynt be'hö:wer ja: för ...
... das Schließfach?	... förvaringsskåpet? ... för'wa:rings-sko:pet?
... den Haartrockner?	... hårtorken? ... ho:r-torken?
Ich möchte ... kaufen.	Jag skulle vilja köpa ... ja: skülle wilja chö:pa ...
... eine Badekappe	... en badmössa. ... enn ba:d-mössa.
... eine Schwimmbrille	... simglasögon. ... simm-gla:s-ö:gon.
... ein Handtuch	... en handduk. ... enn hand-dü:k.

Wo sind die ...	Var finns ...	wa:r finns ...
... Duschen?	... duscharna?	... düscharna?
... Umkleidekabinen?	... omklädningskabinerna?	... omklä:dnings-'kabi:nerna?
Wo ist ...	Var är ...	wa:r ä:r ...
... der Bademeister?	... badmästaren?	... ba:d-mästaren?
... die Erste-Hilfe-Station?	... första hjälpen-stationen?	... förschta 'jälpen-sta'schu:nen?

Weitere Wörter

baden	bada	ba:da
Bootsverleih	båtuthyrning, -en	bo:t-ü:t-hy:rning
Dusche	dusch, -en	düsch
Ebbe	ebb, -en	ebb
FKK-Strand	nudiststrand, -en	nü'dist-strand
Flut	flod, -en	flu:d
Luftmatratze	luftmadrass, -en	lüft-ma'drass
Meer	hav, -et	ha:w
Motorboot	motorbåt, -en	mu:tor-bo:t
Muscheln	musslor, -na	müsslur
Nichtschwimmer	ej simkunnig	ej simm-künnig
Rettungsring	livboj, -en	li:w-boj
Ruderboot	roddbåt, -en	rudd-bo:t
Sand	sand, -en	sand
Sandstrand	sandstrand, -en	sand-strand
Schatten	skugga, -n	skü:gga
Schlauchboot	gummibåt, -en	gümmi-bo:t
Schnorchel	snorkel, -n	snorkel
Schwimmbad	bad, -et	ba:d
schwimmen	simma	simma

Schwimmflossen	simfötter, -na simm-fö:tter
Schwimmflügel	simkuddar, -na simm-küddar
See	sjö, -n schö:
Seeigel	sjöborre, -n schö:-borre
Segelboot	segelbåt, -en se:gel-bo:t
segeln	segla se:gla
Sonne	sol, -en su:l
Sonnenbrille	solglasögon, -en su:l-gla:s-ö:gon
Sonnencreme	solkräm, -en su:l-krä:m
Spielwiese	lekplats, -en le:k-plats
Sprungbrett	hoppbräda, -n hopp-brä:da
Strand	strand, -en strand
Strandbad	strandbad, -et strand-ba:d
Strandkorb	strandkorg, -en strand-korj
Sturmwarnung	stormvarning, -en storm-wa:rning
Surfbrett	surfbräda, -n sürf-brä:da
tauchen	dyka dy:ka
Taucheranzug	dykardräkt, -en dy:kar-dräckt
Taucherausrüstung	dykutrustning, -en dy:k-ü:t-rüstning
Taucherbrille	dykglasögon, -en dy:k-gla:s-ö:gon
Tretboot	trampbåt, -en tramp-bo:t
Wasser	vatten, vattnet watten
Wasserball	vattenpolo, -n watten-pulo
Wasserski	vattenskidor, -na watten-schi:dur
Welle	våg, -en wo:g

Wellness

Gibt es hier ...	Finns det ... här? finns de: ... hä:r?
... eine Therme?	... något spa ... no:got spa:
... eine Sauna?	... någon bastu ... no:gon bastü
... ein Fitnessstudio?	... något gym ... no:got jymm

Bieten Sie auch ... an?	**Har ni ... också?** ha:r ni: ... ockso:?
... Aerobicstunden	**... aerobicpass** ... ä'robick-pass
... Gymnastikstunden	**... gymnastikpass** ... jymnas'ti:k-pass
Ich hätte gerne einen Termin für ...	**Jag skulle vilja beställa en tid till ...** ja: skülle wilja be'ställa enn ti:d till ...
Machen Sie ...	**Har ni ...** ha:r ni: ...
... Gesichtsmassagen?	**... ansiktsmassage?** ... ansikts-mas'sa:sch?
... Lymphdrainagen?	**... lympfdränage?** ... lymf-drä'na:sch?
Ich hätte gerne eine Gesichtsbehandlung.	**Jag skulle gärna vilja ha en ansiktsbehandling.** ja: skülle jä:rna wilja ha: enn ansikts-behandling.
Ich habe ...	**Jag har ...** ja: ha:r ...
... normale Haut.	**... normal hy.** ... normal hy:.
... fettige Haut.	**... fet hy.** ... fe:t hy:.
... trockene Haut.	**... torr hy.** ... torr hy:.
... Mischhaut.	**... blandhy.** ... bland-hy:.
... empfindliche Haut.	**... känslig hy.** ... chänsli hy:.
Ich möchte mir die ... färben lassen.	**Jag skulle vilja färga ...** ja: skülle wilja färja ...
... Wimpern	**... ögonfransarna.** ... ö:gon-fransarna.
... Augenbrauen	**... ögonbrynen.** ... ö:gon-bry:nen.
Bitte eine ...	**En ..., tack.** enn ..., tack.
... Maniküre.	**... manikyr** ... mani'ky:r
... Pediküre.	**... pedikyr** ... pedi'ky:r

Weitere Wörter

Akupunktur	akupunktur, -en acku-punk'tü:r
Algenbad	algbad, -et alj-ba:d
Ampullenkur	ampullkur, -en am'pull-kü:r
Aromaöl	aromaolja, -n a'ro:ma-olja
Ayurveda	ayurveda ajur-we:da
Dampfbad	ångbad, -et ong-ba:d
Dekolleté	dekolletage, -t dekoll'ta:sch
Fango	fango fango
Feuchtigkeitsmaske	fuktighetsmask, -en füktighe:ts-mask
Fußreflexzonen-massage	fotreflexzonmassage, -en fu:t-reflex-su:n-mas'sa:sch
Gesicht	ansikte, -t ansikte
Hals	hals, -en hals
Hautdiagnose	huddiagnos, -en hü:d-dia'gno:s
Heubad	höbad, -et hö:-ba:d
Kaltwasser-anwendungen	kallvattenterapi, -n kall-watten-tera'pi:
Lymphdrainage	lymfdränage, -t lymf-drä'na:sch
Maske	mask, -en mask
Massage	massage, -en mas'sa:sch
Meditation	meditation, -en medita'schu:n
Packung	inpackning, -en inpackning
Peeling	peeling, -en pi:ling
Reinigung	rengöring, -en re:n-jö:ring
Sauna	bastu, -n bastü
Schlammbad	lerbad, -et le:r-ba:d
Solarium	solarium, solariet so'la:rium
Thermalbad	termalbad, -et ter'ma:l-ba:d
Wechselbäder	växelbad, -et wäksel-ba:d
Whirlpool	bubbelpool, -en bübbel-pu:l
Yoga	yoga jo:ga

Spiele

Darf ich mitspielen?	**Får jag vara med och spela?** fo:r ja: wa:ra me: o: spe:la?
Wir hätten gern einen Squashcourt für eine halbe Stunde.	**Vi skulle gärna vilja hyra en squashbana i en halv timme.** wi: skülle jä:rna wilja hy:ra enn skwosch-ba:na i enn halw timme.
Wir hätten gern einen ... für eine Stunde.	**Vi skulle gärna vilja hyra en ... i en timme.** wi: skülle jä:rna wilja hy:ra enn ... i enn timme.
... Tennisplatz	**... tennisbana** ... tennis-ba:na
... Badmintonplatz	**... badmintonbana** ... bädminton-ba:na
Wo kann man hier ... spielen?	**Var kan man ... någonstans?** wa:r kann mann ... no:gon-stans?
... Bowling	**... bowla** ... bowwla
... Billard	**... spela biljard** ... spe:la bil'ja:rd
Ich möchte ... ausleihen.	**Jag skulle vilja hyra ...** ja: skülle wilja hy:ra ...
Haben Sie ...	**Har du ...** ha:r dü: ...
... Spielkarten?	**... en kortlek?** ... enn kurt-le:k?
... Gesellschaftsspiele?	**... några sällskapsspel?** ... no:gra sällska:ps-spe:l?
Spielen Sie Schach?	**Spelar du schack?** spe:lar dü: schack?
Können wir ein Schachspiel ausleihen?	**Skulle vi kunna få låna ett schackspel?** skülle wi: künna fo: lo:na ett schack-spe:

Weitere Wörter

Badminton	badminton, - bädminton
Ball	boll, -en boll
Basketball	basketboll, -en ba:sket-boll
Beachvolleyball	beachvolleyboll, -en bi:tch-wolle:-boll
Fußball *(Ball)*	fotboll, -en fu:t-boll
Fußballplatz	fotbollsplan, -en fu:t-bolls-plan
Fußballspiel	fotbollsspel, -et fu:t-bolls-spe:l
gewinnen	vinna winna
Golfplatz	golfbana, -n golf-ba:na
Golfschläger	golfklubba, -n golf-klübba
Handball	handboll, -en hand-boll
Kegelbahn	bowlingbana, -n bowwling-ba:na
kegeln	bowla bowwla
Mannschaft	lag, -et la:g
Minigolfplatz	minigolfbana, -n minigolf-ba:na
Schiedsrichter	domare, -n du:mare
Sieg	seger, -n se:ger
Spiel	spel, -et spe:l
Spielplatz	lekplats, -en le:k-plats
Spielzeug	leksak, -en le:k-sa:k
Squash	squash, -en skwosch
Squashball	squashboll, -en skwosch-boll
Squashschläger	squashracket, -en skwosch-racket
Tennis	tennis, -en tennis
Tennisball	tennisboll, -en tennis-boll
Tennisschläger	tennisracket, -en tennis-racket
Tischtennis	bordtennis, -en bu:rd-tennis
Tor	mål, -et mo:l
unentschieden	oavgjort u:a:w-jurt
verlieren	förlora för'lu:ra
Volleyball	volleyboll, -en wolle:-boll

Info

In Schweden gilt das allemansrätt allemanns-'rätt (Jedermannsrecht), das jedem den freien Zugang zur Natur garantiert. Dies bedeutet, dass jeder im Wald abseits vom Weg gehen darf. Unbewohnte Grundstücke darf man betreten und auch dort zelten, solange man der Natur oder anderen Menschen keinen Schaden zufügt. Es darf kein Müll zurückgelassen werden.

Wandern & Trekking

Ich möchte nach ... wandern.	Jag skulle vilja vandra till ... ja: skülle wilja wandra till ...
Ich möchte auf den ... steigen.	Jag skulle vilja bestiga ... ja: skülle wilja be'sti:ga ...
Können Sie mir eine ... Tour empfehlen?	Skulle du kunna rekommendera en ... tur skülle dü: künna rekommen'de:ra enn ... tü:r?
... leichte	... lätt ... lätt
... mittelschwere	... medelsvår ... me:del-swo:r
Wie lange dauert sie ungefähr?	Hur lång tid tar den ungefär? hü:r long ti:d ta:r denn ünje'fä:r?
Ist der Weg gut ...	Är vägen väl ... ä:r wä:gen vä:l ...
... markiert?	... markerad? ... mar'ke:rad?
... gesichert?	... säker? ... sä:ker?
Kann man unterwegs einkehren?	Finns det något värdshus på vägen? finns de: no:got wärds-hü:s po: wägen?

Kann ich in diesen Schuhen gehen?	Kan jag gå i de här skorna? kann ja: go: i domm hä:r sku:rna?
Gibt es geführte Touren?	Finns det guidade turer? finns de: gaidade tü:rer?
Um wie viel Uhr fährt die letzte Bahn hinunter?	När åker den sista banan ner? nä:r o:ker denn sista ba:nan ne:r?
Sind wir auf dem richtigen Weg nach ...?	Är vi på rätt väg till ...? ä:r wi: po: rätt wä:g till ...?
Wie weit ist es noch bis ...?	Hur långt är det kvar till ...? hü:r longt ä:r de: kwa:r till ...?

Weitere Wörter

Berg	berg, -et berj
Bergführer	bergguide, -n berj-gaid
Bergschuhe	vandringsskor, -na wandrings-sku:r
Bergsteigen	bergsklättring, -en berjs-klättring
Bergwacht	bergsvakt, -en berjs-wackt
Fjord	fjord, -en fjurd
Gipfel	topp, -en topp
Hütte	stuga, -n stü:ga
klettern	klättra klättra
Proviant	matsäck, -en ma:t-säck
Schlucht	gap, -et ga:p
Schutzhütte	skyddsstuga, -n schydds-stü:ga
schwindelfrei sein	inte ha svindel inte ha: swindel
Seil	lina, -n li:na
Seilbahn	linbana, -n li:n-ba:na
Sessellift	sittlift, -en sitt-lift

Steigeisen	stegjärn, -et ste:g-jä:rn
Teleskopstöcke	vandringsstavar, -na wandrings-sta:war
Wanderkarte	vandringskarta, -n wandrings-ka:rta
wandern	vandra wandra
Wanderschuhe	vandringsskor, -na wandrings-sku:r
Wanderweg	vandringsled, -en wandrings-le:d

Rad fahren

Ich möchte ein ... mieten.	Jag skulle vilja hyra en ... ja: skülle wilja hy:ra enn ...
... Fahrrad	... cykel. ... syckel.
... Mountainbike	... mountainbike. ... maunten-baik.
Ich hätte gern ein Fahrrad mit ... Gängen.	Jag skulle gärna vilja ha en cykel med ... växlar. ja: skülle jä:rna wilja ha: enn syckel me: ... wäkslar.
Haben Sie auch ein Fahrrad mit Rücktritt?	Har du också cyklar med fotbroms? ha:r dü: ockso: sycklar me: fu:t-broms?
Ich möchte es für ... mieten.	Jag skulle vilja hyra den i ... ja: skülle wilja hy:ra denn i ...
... einen Tag	... en dag. ... enn da:g.
... zwei Tage	... två dagar. ... two: da:gar.
... eine Woche	... en vecka. ... enn wecka.
Bitte stellen Sie mir die Sattelhöhe ein.	Var snäll och ställ in sadelhöjden åt mig wa:r snäll o: ställ inn sa:del-höjden o:t mej.

Bitte geben Sie mir einen Fahrradhelm.	Var snäll och ge mig en cykelhjälm. wa:r snäll o: je: mej enn syckel-jälm.
Kann ich einen Kinderfahrradsitz ausleihen?	Kan jag få hyra en barnsits? kann ja: fo: hy:ra enn ba:rn-sits?
Haben Sie eine Fahrradkarte?	Har du en cykelkarta? ha:r dü: enn syckel-ka:rta?

Weitere Wörter

Fahrradflickzeug .... punkteringssats, -en pünk'te:rings-sats
Fahrradkorb .... cykelkorg, -en syckel-korj
Handbremse .... handbroms, -en hand-broms
Kinderfahrrad .... barncykel, -n ba:rn-syckel
Kindersitz .... barnsits, -en ba:rn-sits
Licht .... ljus, -et jü:s
Luftpumpe .... pump, -en pümp
Radweg .... cykelväg, -en syckel-wä:g
Reifen .... hjul, -et jü:l
Reifenpanne .... punktering, -en pünk'te:ring
Rücklicht .... bakljus, -et ba:k-jü:s
Sattel .... sadel, -n sa:del
Satteltaschen .... sadelväska, -n sa:del-wäska
Schlauch .... slang, -en slang
Ventil .... ventil, -en wen'ti:l
Vorderlicht .... framljus, -et framm-jü:s

Adventure-Sports

Ausritt	hästtur, -en häst-tür
Ballonfahrt	luftballongfärd, -en lüft-ballong-färd
Bungee-Jumping	bungyjump, - bangi-jamp
Drachenfliegen	drakflygning, -en dra:k-fly:gning
Fallschirmspringen	fallskärmshoppning, -en fall-schärms-hoppning
Freeclimbing	friklättring, -en fri:-klättring
Gleitschirmfliegen	skärmflygning, -en schärm-fly:gning
Kajak	kajak, -en ka'ja:k
Kanu	kanot, -en ka'nu:t
Kitesurfen	kite surfing, -en kait sürfing
Pferd	häst, -en häst
Rafting	forsränning, -en forsch-ränning
Regatta	regatta, -n re'gatta
reiten	rida ri:da
Ruderboot	roddbåt, -en rudd-bo:t
Segelfliegen	segelflygning, -en se:gel-fly:gning
Segelflugzeug	segelflygplan, -en se:gel-fly:g-pla:n
segeln	segla se:gla
Thermik	uppvind, -en üpp-wind

Wintersport

Ich möchte einen Skipass für ...	Jag skulle vilja ha ett liftkort för ... ja: skülle wilja ha: ett lift-kurt för ...
... einen halben Tag.	... en halv dag. ... enn halw da:g.
... einen Tag.	... en dag. ... enn da:g.
... zwei Tage.	... två dagar. ... two: da:gar.
... eine Woche.	... en vecka. ... enn wecka.

Das könnten Sie hören:

Du behöver en passfoto.
dü: be'hö:wer enn pass-futo.
Sie brauchen ein Passbild.

Wo kann ich Passbilder machen lassen?	Var någonstans kan jag ta passfoton? wa:r no:gon-stans kann ja: ta: pass-futon?
Ab wie viel Uhr gilt der Halbtagespass?	När börjar halvdags-liftkortet att gälla? nä:r börjar halw-da:gs-lift-kurtet att jälla?
Ab wie viel Uhr gehen die Lifte?	När startas liftarna? nä:r sta:rtas liftarna?
Bis wie viel Uhr gehen die Lifte?	När stängs liftarna? nä:r stängs liftarna?
Wann ist die letzte Talfahrt?	När går den sista turen ner? nä:r go:r denn sista tü:ren ne:r?
Ich möchte einen Skikurs machen.	Jag skulle vilja göra en skidkurs. ja: skülle wilja jöra enn schi:d-kürsch.
Ich hätte gerne Privatunterricht.	Jag skulle vilja ha privatundervisning. ja: skülle wilja ha: pri'wa:t-ünder-'wi:sning.
Ich bin ...	Jag är ... ja: ä:r ...
... Anfänger.	... nybörjare. ... ny:-börjare.
... ein mittelmäßiger Fahrer.	... halvbra på skidor. ... halw-bra: po: schi:dur.
Gibt es eine Skischule für Kinder?	Finns det en skidskola för barn? finns de: enn schi:d-sku:la fö:r ba:rn?

Ich möchte ... ausleihen.	Jag skulle vilja hyra ... ja: skülle wilja hy:ra ...
... Alpinski	... slalomskidor. ... slalom-schi:dur.
... Skischuhe Größe ...	... pjäxor i storlek ... ... pjäksur i stu:rlek ...
... Langlaufski	... längdskidor. ... längd-schi:dur.
... Langlaufschuhe Größe ...	... (längd)pjäxor i storlek ... ... (längd-)pjäksur i: stu:rlek ...
... ein Snowboard	... en snowboard. ... enn sno:-bo:rd.
... Schlittschuhe Größe ...	... skridskor i storlek ... ... skriss-sku:r i stu:rlek ...
... einen Schlitten	... en kälke. ... enn chälke.

Weitere Wörter

Bindung .... bindning, -en bindning
Eisstockschießen .... curling, -en körling
Langlauf .... längdskidåkning, -en längd-schi:d-o:knir
Lawine .... lavin, -en la'wi:n
Lawinengefahr .... lavinfara, -n lawi:n-fa:ra
Loipe .... skidspår, -et schi:d-spo:r
rodeln .... åka bob o:ka bob
Rodelbahn .... bobbana, -n bob-ba:na
Schlepplift .... knapplift, -en knapp-lift
Schnee .... snö, -n snö:
Sessellift .... sittlift, -en sitt-lift
Ski .... skida, -n schi:da
Skibrille .... skidglasögon, -en schi:d-gla:s-ö:gon
Skilehrer .... skidlärare, -n schi:d-lärare
Skistöcke .... skidstavar, -na schi:d-sta:war
Skiwachs .... skidvalla, -n schi:d-walla

Besichtigungen

Wann ist ... geöffnet?	När är ... öppet? nä:r ä:r ... öppet?
Wie viel kostet ...	Hur mycket kostar ... hü:r mycke kostar ...
... der Eintritt?	... inträdet? ... inn-trä:det?
... die Führung?	... visningen? ... wi:sningen?
Gibt es auch Führungen auf Deutsch?	Finns det visningar på tyska också? finns de: wi:sningar po: tyska ockso:?
Wann beginnt die Führung?	När börjar visningen? nä:r börjar wi:sningen?
Gibt es eine Ermäßigung für ...	Finns det rabatt för ... finns de: ra'batt fö:r ...
... Familien?	... familjer? ... fa'mi:ljer?
... Kinder?	... barn? ... ba:rn?
... Senioren?	... seniorer? ... sen'ju:rer?
... Studenten?	... studenter? ... stü'denter?
Eine Karte bitte.	En biljett, tack. enn bill'jett, tack.
Zwei Karten bitte.	Två biljetter, tack. two: bill'jetter, tack.
Zwei Erwachsene, zwei Kinder, bitte.	Två vuxna, två barn, tack. two: wüksna, two: ba:rn, tack.
Haben Sie einen ...	Har du en ... ha:r dü: enn ...
... Katalog?	... katalog? ... kata'lo:g?
... Führer?	... guidebok? ... gaid-bu:k?

Ich hätte gern einen Audioguide ...	**Jag skulle gärna vilja ha en audioguide ...** ja: skülle jä:rna wilja ha: enn audio-gaid
... auf Deutsch.	**... på tyska.** ... po: tyska.
... auf Englisch.	**... på engelska.** ... po: engelska.
Darf man fotografieren?	**Får man fotografera?** fo:r mann futogra'fe:ra?
Können Sie bitte ein Foto von ... machen?	**Kan du vara snäll och ta ett kort av ...** kann dü: wara snäll o: ta ett kurt a:w ...
... mir	**... mig?** ... mej?
... uns	**... oss?** ... oss?
Was für ein ... ist das?	**Vad är det för ...** wa:d ä:r de: fö:r ...
... Gebäude	**... en byggnad?** ... enn byggnad?
... Denkmal	**... ett minnesmärke?** ... ett minnes-märke?
Haben Sie das Bild als ...	**Finns bilden som ...** finns bilden som ...
... Poster?	**... affisch?** ... a'fisch?
... Postkarte?	**... vykort?** ... wy:-kurt?

Weitere Wörter

Abtei	**abbotskloster, -klostret** abbots-klosster
Altstadt	**gamla stan** gammla sta:n
antik	**antik** an'ti:k
Arkaden	**arkad, -en** ar'ka:d
Ausflugsboot	**utflyktsbåt, -en** ü:t-flykts-bo:t
Ausgrabungen	**utgrävning, -en** ü:t-gräwning
Aussicht	**utsikt, -en** ü:t-sickt

Ausstellung	utställning, -en ü:t-ställning
Basilika	basilika, -n ba'si:lika
Berg	berg, -et berj
Bibliothek	bibliotek, -et biblio'te:k
Bild	bild, -en bild
Bildhauer	skulptör, -en skülp'tö:r
Botanischer Garten	botaniska trädgården bo'ta:niska träd-go:rden
Brücke	bro, -n bru:
Brunnen	brunn, -en brünn
Burg	borg, -en borj
Büste	byst, -en byst
Decke	tak, -et ta:k
Denkmal	minnesmärke, -t minnes-märke
Dom	domkyrka, -n du:m-chy:rka
Felsritzungen	hällristningar, -na häll-ristningar
Festung	fästning, -en fästning
filmen	filma filma
Flohmarkt	loppmarknad, -en lopp-marknad
Fluss	flod, -en flu:d
fotografieren	fotografera futogra'fe:ra
Freilichtmuseum	friluftsmuseum, -museet fri:-lüfts-mü'se:üm
Fremdenführer	reseledare, -n re:se-le:dare
Fresko	fresk, -en fresk
Friedhof	kyrkogård, -en chyrko-go:rd
Fußgängerzone	gågata, -n go:-ga:ta
Galerie	galleri, -et galle'ri:
Garten	trädgård, -en träd-go:rd
Gebäude	byggnad, -en byggnad
Gebirge	bergskedja, -n berjs-che:dja
Gedenkstätte	minnesplats, -en minnes-plats
Gegend	område, -t ommro:de
Gemälde	tavla, -n ta:wla

Gemäldesammlung	konstsamling, -en konst-sammling
geöffnet	öppet öppet
geschlossen	stängt stängt
Gewölbe	valv, -et walw
Glockenspiel	klockspel, -et klock-spe:l
Glockenturm	klocktorn, -et klock-tu:rn
Gobelin	gobeläng, -en gobe'läng
Gottesdienst	gudstjänst, -en güds-schänst
Grab	grav, -en gra:w
Hafen	hamn, -en hamn
Halbinsel	halvö, -n halw-ö:
Hauptstadt	huvudstad, -en hü:wüd-sta:d
Haus	hus, -et hü:s
Heimatmuseum	hembygdsmuseum, -museet hemm-bygds-mü'se:üm
Hof	gård, -en go:rd
Höhle	grotta, -n grotta
Hotelverzeichnis	hotellförteckning, -en ho'tell-för'tecknin
Hügel	kulle, -n külle
Innenstadt	innerstad, -en inner-sta:d
Inschrift	inskrift, -en inn-skrift
Insel	ö, -n ö:
Jahrhundert	århundrade, -t o:r-'hündrade
Kapelle	kapell, -et ka'pell
Katalog	katalog, -en kata'lo:g
Kathedrale	katedral, -en kate'dra:l
keltisch	keltisk keltisk
Kirche	kyrka, -n chyrka
Kirchturm	kyrktorn, -et chyrk-tu:rn
Kloster	kloster, klostret klosster
König	kung, -en küng
Königin	drottning, -en drottning
Kopie	kopia, -n ko'pi:a
Kreuz	kors, -et korsch

Kreuzgang	korsgång, -en korsch-gong
Kunst	konst, -en konst
Künstler(in)	konstnär, -en konst'nä:r
Kuppel	kupol, -en kü'po:l
Landschaft	landskap, -et land-ska:p
Maler	målare, -n mo:lare
Malerei	måleri, -et mo:le'ri:
Markt	marknad, -en ma:rknad
Markthalle	saluhall, -en sa:lü-hall
Marmor	marmor, -n marmor
Mauer	mur, -en mü:r
Mausoleum	mausoleum, mausoleet mauso'le:üm
Minarett	minaret, -en mina're:t
Mittelalter	medeltid, -en me:del-ti:d
Mosaik	mosaik, -en mosa'i:k
Moschee	moské, -n mos'ke:
Mühle	kvarn, -en kwa:rn
Museum	museum, museet mü'se:üm
Nationalpark	nationalpark, -en natschu'na:l-park
Naturschutzgebiet	naturreservat, -et natü:r-reser'wa:t
Opernhaus	opera, -n u:pera
Orgel	orgel, -n orjel
Original	original, -et orgi'na:l
Palast	palats, -et pa'lats
Park	park, -en park
Plakat	plakat, -et pla'ka:t
Platz	plats, -en plats
Portal	portal, -en por'ta:l
Porträt	porträtt, -et por'trätt
Poster	affisch, -en a'fisch
Prospekt	broschyr, -en bro'schy:r
Rathaus	rådhus, -et ro:d-hü:s
Relief	relief, -en reli'eff
restauriert	restaurerad restau're:rad

Ruine .... ruin, -en rü'i:n
Runensteine .... runstenar, -na rü:n-ste:nar
Saal .... sal, -en sa:l
Sammlung .... samling, -en sammling
Sandstein .... sandsten, -en sand-ste:n
Säule .... pelare, -n pe:lare
Schärenküste .... skärgård, -en schä:r-go:rd
Schatzkammer .... skattkammare, -n skatt-kammare
Schifffahrtsmuseum .... sjörfartsmuseum, -museet schö:-fa:rts-mü'se:üm
Schloss .... slott, -et slott
Schlucht .... ravin, -en ra'wi:n
Schnitzerei .... snideri, -et snide'ri:
See *(Binnengewässer)* sjö, -n schö:
Sehenswürdigkeiten .... sevärdheter, -na se:-wärdhe:ter
Seilbahn .... linbana, -n li:n-ba:na
Skulptur .... skulptur, -en skülp'tü:r
Stadion .... stadion, - sta:dion
Stadt .... stad, -en sta:d
Stadtmauer .... stadsmur, -en stads-mü:r
Stadtteil .... stadsdel, -en stads-de:l
Stadttor .... stadsport, -en stads-pu:rt
Stausee .... uppdämd sjö üppdämmd schö:
Sternwarte .... observatorium, observatoriet obserwa'to:rium
Synagoge .... synagoga, -n sy:na'go:ga
Tal .... dal, -en da:l
Tempel .... tempel, templet tempel
Töpferei .... krukmakeri, -et krü:k-ma:ke'ri
Tor .... port, -en pu:rt
Tropfsteinhöhle .... droppstensgrotta, -n dropp-ste:ns-grott
Turm .... torn, -et tu:rn
Überreste .... lämningar, -na lämningar
Umgebung .... omgivning, -en om'ji:wning

Universität	universitet, -et üniwerschi'te:t
Volkskundemuseum	etnografiskt museum etno'gra:fiskt mü'se:üm
Vulkan	vulkan, -en wül'ka:n
Wald	skog, -en sku:g
Wallfahrtsort	vallfärdsort, -en wall-färds-u:rt
Wandmalerei	väggmålning, -en wägg-mo:lning
Wappen	vapen, vapnet wa:pen
Wasserfall	vattenfall, -et watten-fall
Werk	verk, -et werk
Wikinger	viking, -en wi:king
Wikingerschiff	vikingaskepp, -et wi:kinga-schepp
Zeichnung	teckning, -en teckning
Zoo	zoo, - so:

Theater, Kino, Musik

Welche Veranstaltungen finden ... Woche statt?	Vilka evengemang äger rum ... vecka? wilka ewene'mang ä:ger rümm ... wecka?
... diese	... denna ... denna
... nächste	... nästa ... nästa
Haben Sie einen Veranstaltungskalender?	Har du en evenemangskalender? ha:r dü: enn ewene'mangs-ka'lender?
Was wird heute gespielt?	Vad spelas i dag? wa:d spe:las i da:g?
Wo bekommt man Karten?	Var får man tag på biljetter? wa:r fo:r mann ta:g po: bill'jetter?

Wann beginnt ...	När börjar ... nä:r börjar ...
... die Vorstellung?	... föreställningen? ... före-'ställningen?
... das Konzert?	... konserten? ... kon'sä:ren?
... der Film?	... filmen? ... filmen?
Ab wann ist Einlass?	När börjar insläppet? nä:r börjar inn-släppet?
Sind die Plätze nummeriert?	Är det numrerade platser? ä:r de: nüm're:rade platser?
Kann man Karten reservieren lassen?	Kan man reservera biljetter? kann mann reser'we:ra bill'jetter?
Ich hatte Karten vorbestellt auf den Namen ...	Jag hade förbeställt biljetter på namnet ... ja: hade för-be'ställt bill'jetter po: namnet ...
Haben Sie noch Karten für ...	Finns det fortfarande biljetter till ... finns de: fu:rt-fa:rande bill'jetter till ...
... heute?	... i dag? ... i da:g?
... morgen?	... i morgon? ... i morron?
Bitte zwei Karten für ...	Två biljetter till ..., tack. two: bill'jetter till ..., tack.
... heute.	... i dag ... i da:g
... heute Abend.	... i kväll ... i kwäll
... morgen.	... i morgon ... i morron
... die Vorstellung um ... Uhr.	... föreställningen klockan ... ... före-'ställningen klockan ...
... den Film um ... Uhr.	... filmen klockan ... ... filmen klockan ...

Wie viel kostet eine Karte?	Hur mycket kostar en biljett? hü:r mycke kostar enn bill'jett?
Gibt es eine Ermäßigung für ...	Har ni rabatt för ... ha:r ni: ra'batt fö:r ...
... Kinder?	... barn? ... ba:rn?
... Senioren?	... seniorer? ... sen'ju:rer?
... Studenten?	... studenter? ... stü'denter?
Wann ist die Vorstellung zu Ende?	När slutar föreställningen? nä:r slü:tar döre-'ställningen?
Ich möchte ein Opernglas ausleihen.	Jag skulle vilja hyra en teaterkikare. ja: skülle wilja hy:ra enn te'a:ter-chi:kare.

An der Kasse

andra raden	zweiter Rang
förköp	Vorverkauf
första raden	erster Rang
galleri	Galerie
höger	rechts
kvällskassa	Abendkasse
loge	Loge
mitt	Mitte
parkett	Parkett
plats	Platz
plats i mitten	Platz in der Mitte
rad	Rang
rad	Reihe
ståplats	Stehplatz
utsåld	ausverkauft
vänster	links

Ausgehen

Was kann man hier abends unternehmen?	Vad finns det att göra här på kvällen? wa:d finns de: att jö:ra hä:r po: kwällen?
Gibt es hier ...	Finns det ... här? finns de: ... hä:r?
... eine nette Kneipe?	... någon trevlig pub ... no:gon tre:wli püb
... einen angesagten Club?	... någon populär klubb? ... no:gon popülär klüb?
Ist dort mehr jüngeres Publikum?	Är publiken ung där? ä:r püb'li:ken üng dä:r?
Wo kann man hier tanzen gehen?	Var kan man gå och dansa någonstans? wa:r kann mann go: o: dansa no:gon-stans?
Ist hier noch frei? ▸ *Flirten, S. 55*	Är det ledigt här? ä:r de: le:dit hä:r?
Darf ich Sie | dich (zu einem Drink) einladen?	Får jag bjuda dig (på en drink)? fo:r ja: bjü:da dej (po: enn drink)?
Was möchten Sie | möchtest du trinken? ▸ *Essen & Trinken, S. 77*	Vad vill du dricka? wa:d will dü: dricka?
Tanzen Sie | Tanzt du mit mir?	Vill du dansa med mig? will dü: dansa me: mej?
Können Sie mir ein Taxi rufen?	Kan du ringa efter en taxi åt mig? kann dü: ringa efter enn taksi o:t mej?

Ernstfall

... die wichtigsten Sätze

Rufen Sie bitte einen Notarzt!

▸ *Notruf, S. 192*

Var snäll och ring efter en jourläkare!
wa:r snäll o: ring efter enn schu:r-lä:kare!

Ich habe ... verloren.

Jag har blivit av med ...
ja: ha:r bli:wit a:w me: ...

Man hat mir mein Portemonnaie gestohlen.

Jag har blivit bestulen på min portmonnä.
ja: ha:r bli:wit be'stü:len po: minn port-mon'nä:.

Ich brauche eine Bescheinigung für meine Versicherung.

▸ *Polizei, S. 193*

Jag behöver ett intyg för mitt försäkringsbolag.
ja: be'hö:wer ett inn-ty:g för mitt för'schä:krings-bu:la:g.

Wo ist die nächste Apotheke?

Var ligger närmaste apotek?
wa:r ligger närmaste apo'te:k?

Haben Sie etwas gegen ...?

Har du något mot ...?
ha:r dü: no:got mu:t ...?

Ich brauche dieses Medikament.

▸ *Apotheke, S. 195*

Jag behöver det här läkemedlet.
ja: be'hö:wer de: hä:r lä:ke-me:dlet.

Können Sie mir einen praktischen Arzt empfehlen?

▸ *Arztsuche, S. 198*

Skulle du kunna rekommendera en allmänläkare?

skülle dü: künna rekommen'de:ra enn allmän-lä:kare?

Ich fühle mich nicht wohl.

Jag känner mig dålig.

ja: chänner mej do:li.

Hier habe ich Schmerzen.

Här har jag ont.

hä:r ha:r ja: u:nt.

Ich bin allergisch gegen Penizillin.

Jag är allergisk mot penicillin.

ja: ä:r a'llergisk mu:t pennisi'li:n.

Ich bin (im ... Monat) schwanger.

▸ *Beim Arzt, S. 199*

Jag är gravid (i ... månaden).

ja: ä:r gra'wi:d (i ... mo:naden).

Ich möchte mit einem Arzt sprechen.

Jag skulle vilja prata med en läkare.

ja: skülle wilja pra:ta me: enn lä:kare.

Bitte benachrichtigen Sie meine Familie.

▸ *Im Krankenhaus, S. 204*

Var snäll och informera min familj.

wa:r snäll o: infor'me:ra mi:n fa'mi:lj.

Dieser Zahn hier tut weh.

▸ *Zahnarzt, S. 210*

Den här tanden gör ont.

denn hä:r tanden jö:r u:nt.

Info

Unter dem Notruf 112 erreicht man in Schweden die Gesellschaft SOS Alarm, die den Einsatz von Feuerwehr (brandkår brand-ko:r) und Ambulanzen (ambulans ambü'lans) koordiniert. In weniger dringenden Fällen sollte man die nationale Informationsnummer 113 13 oder 114 14 für die Polizei (polis po'lis) wählen. Die Notfallaufnahme heißt akuten a'küten.

Notruf

Hilfe!	Hjälp! jälp!
Es ist ein Unfall passiert!	Det har hänt en olycka! de: ha:r hännt enn u:lycka!
Rufen Sie bitte einen ...	Var snäll och ring efter en ... wa:r snäll o: ring efter enn ...
... Krankenwagen!	... ambulans! ... ambü'lans!
... Notarzt!	... jourläkare! ... schu:r-lä:kare!
Bitte helfen Sie!	Snälla hjälp! snälla jälp!
... Personen sind (schwer) verletzt.	... personer är (allvarligt) skadade. ... per'schuner ä:r (all-wa:rlit) ska:dade.
Wohin bringen Sie ...	Vart tar ni ... någonstans? wart tar ni: ... no:gon-stans?
... ihn?	... honom ... honom
... sie?	... henne ... henne
Ich möchte mitkommen.	Jag vill följa med. ja: will följa me:.

Polizei

Wo ist das nächste Polizeirevier? ▸ *Unfall, S. 41*	**Var ligger närmaste polisstation?** wa:r ligger närmaste po'li:s-sta'schu:n?
Ich möchte ... anzeigen.	**Jag skulle vilja anmäla ...** ja: skülle wilja ann-mä:la ...
... einen Diebstahl	**... en stöld.** ... enn stöld.
... einen Überfall	**... ett överfall.** ... ett ö:wer-fall.
... eine Vergewaltigung	**... en våldtäkt.** ... enn wold-täckt.
Man hat mir ... gestohlen.	**Jag har blivit bestulen på min ...** ja: ha:r bli:wit be'stü:len po: minn ...
... meine Handtasche	**... handväska.** ... hand-wäska.
... mein Portemonnaie	**... portmonnä.** ... port-mon'nä:.
Ich habe ... verloren.	**Jag har blivit av med ...** ja: ha:r bli:wit a:w me: ...
Mein Auto ist aufgebrochen worden.	**Det har blivit inbrott i min bil.** de: ha:r bli:wit inn-brott i: minn bi:l.
Ich bin ... worden.	**Jag har blivit ...** ja: ha:r bli:wit ...
... betrogen	**... lurad.** ... lü:rad.
... zusammengeschlagen	**... misshandlad.** ... miss'handlad.
Ich brauche eine Bescheinigung für meine Versicherung.	**Jag behöver ett intyg för mitt försäkringsbolag.** ja: be'hö:wer ett inn-ty:g för mitt för'schä:krings-bu:la:g.

Ich möchte mit meinem ... sprechen.	Jag skulle vilja tala med ... ja: skülle wilja ta:la me: ...
... Anwalt	... min advokat. ... minn adwo'ka:t.
... Konsulat	... mitt konsulat. ... mitt konsü'la:t.
Ich bin unschuldig.	Jag är oskyldig. ja: ä:r u:schyldi.

Das könnten Sie hören:

◂ Var vänlig och fyll i det här formuläret.
wa:r wänli o: fyll i: de: hä:r formü'lä:ret.
Füllen Sie bitte dieses Formular aus.

◂ Din legitimation, tack.
dinn legitima'schu:n, tack.
Ihren Ausweis bitte.

◂ När inträffade det? Wann ist es passiert?
nä:r inn-träffade de:?

◂ Var inträffade det? Wo ist es passiert?
wa:r inn-träffade de:?

◂ Var vänlig och vänd dig till ditt konsulat.
wa:r wänli o: wänd dej till ditt konsü'la:t.
Wenden Sie sich bitte an Ihr Konsulat.

Weitere Wörter

Anzeige	anmälan, - ann-mä:lan
Autoradio	bilradio, -n bi:l-ra:dio
belästigen	ofreda u:freda
Botschaft *(diplomatische Vertretung)*	ambassad, -en ambass'a:d
Dieb	tjuv, -en schü:w

Falschgeld	**förfalskade pengar** för'falskade pengar
Fundbüro	**hittegodsavdelning, -en** hitte-gu:ds-a:w-de:lning
Handtasche	**handväska, -n** hand-wäska
Navigationsgerät	**navigationsapparat, -en** naviga'schu:ns-appa'rat
Polizei	**polis, -en** po'li:s
Polizist	**polis, -en** po'li:s
Portemonnaie	**portmonnä, -n** port-mon'nä:
Rauschgift	**narkotika, -n** nar'ko:tika
Taschendieb	**ficktjuv, -en** fick-schü:w
Unfall	**olycka, -n** u:lycka
verhaften	**anhålla** ann-holla
Zeuge	**vittne, -t** wittne

Apotheke

Wo ist die nächste Apotheke (mit Nachtdienst)?	**Var ligger närmaste (nattöppna) apotek?** wa:r ligger närmaste (natt-öppna) apo'te:k?
Haben Sie etwas gegen ...? ▸ *Krankheiten, S. 207*	**Har du något mot ...?** ha:r dü: no:got mu:t ...?
Ich brauche dieses Medikament.	**Jag behöver det här läkemedlet.** ja: be'hö:wer de: hä:r lä:ke-me:dlet.
Eine kleine Packung genügt.	**Det räcker med ett litet paket.** de: räcker me: ett li:tet pa'ke:t.
Wie muss ich es einnehmen?	**Hur ska jag ta det?** hü:r ska: ja: ta: de:?

Info

Apotheken (apotek apo'tek) gehören in Schweden fast immer zu einer der acht großen Apothekenketten, z. B. Apoteket AB, DocMorris apotek oder Kronans Droghandel. Die Öffnungszeiten sind ähnlich wie in Deutschland: von morgens (ca. 9 Uhr) bis nachmittags (ca. 16 Uhr) bzw. in der Stadt oft auch bis 20 Uhr.

Das könnten Sie hören:

◂ Det här läkemedlet är receptbelagt.
de: hä:r lä:ke-me:dlet ä:r re'sept-be'lagt.
Dieses Medikament ist rezeptpflichtig.

◂ Det har vi inte här.
de: ha:r vi: inte hä:r.
Das haben wir nicht da.

◂ Vi måste beställa det.
wi: moste be'ställa de:.
Wir müssen es bestellen.

Wann kann ich es abholen?
När kan jag hämta det?
nä:r kann ja: hämmta de:?

Medikamente

Abführmittel ... laxermedel lak'se:r-me:del
Antibabypille ... p-piller pe:-piller
Antibiotikum ... antibiotikum anti-bi'o:tiküm
Augentropfen ... ögondroppar ö:gon-droppar
Beruhigungsmittel ... lugnande medel lügnade me:del
Desinfektionsmittel ... desinfektionsmedel desinfek'schu:ns-me:del

Elastikbinde	elastisk binda e'lastisk binda
fiebersenkendes Mittel	febernedsättande medel fe:ber-ne:dsättande me:del
Fieberthermometer	febertermometer fe:ber-termu'me:ter
Halsschmerztabletten	halstabletter hals-tab'letter
homöopathisch	homeopatisk hu:meo'pa:tisk
Hustensaft	hostmedicin hu:st-medi'si:n
Insulin	insulin insü'li:n
Jod	jod jodd
Kohletabletten	koltabletter ko:l-tab'letter
Kondome	kondomer kon'do:mer
Kopfschmerz-tabletten	huvudvärkstabletter hü:wüd-wärks-tab'letter
Kreislaufmittel	blodtrycksmedicin blu:d-trycks-medi'si:n
Magentabletten	magtabletter ma:g-tab'letter
Mittel gegen ...	medicin mot ... medi'si:n mu:t ...
Mullbinde	gasbinda ga:s-binda
Nasentropfen	näsdroppar nä:s-droppar
Ohrentropfen	örondroppar ö:ron-droppar
Pflaster	plåster ploster
Puder	puder püder
Pulver	pulver pülwer
Rezept	recept re'sept
Salbe	salva salwa
Salbe gegen Juckreiz	salva mot klåda salwa mu:t klo:da
Salbe gegen Mückenstiche	salva mot myggbett salwa mu:t mygg-bett
Salbe gegen Sonnenallergie	salva mot solallergi salwa mu:t su:l-aller'gi:
Salbe gegen Sonnenbrand	salva mot solbränna salwa mu:t su:l-bränna
Schlaftabletten	sömntabletter sömn-tabletter
Schmerzmittel	smärtstillande medicin smärt-stillande medi'si:n

Spritze	**spruta** sprü:ta
Tabletten gegen ...	**tabletter mot ...** tab'letter mu:t ...
Tropfen	**droppar** droppar
Verbandszeug	**förbandsartiklar** för'bands-ar'tiklar
Wundsalbe	**sårsalva** so:r-salwa
Zäpfchen	**stolpiller** stu:l-piller

Arzt

Arztsuche

Können Sie mir einen ... empfehlen?	**Kan du rekommendera en ...** kann dü: rekommen'de:ra enn ...
... praktischen Arzt	**... allmänläkare?** ... allmän-lä:kare?
... Zahnarzt	**... tandläkare?** ... tand-lä:kare?
... Kinderarzt	**... barnläkare?** ... ba:rn-lä:kare?
Spricht er ...	**Pratar han ...** pra:tar hann ...
... Deutsch?	**... tyska?** ... tyska?
... Englisch?	**... engelska?** ... engelska?
Wo ist seine Praxis?	**Var ligger hans praktik?** wa:r ligger hans prak'ti:k?
Wann hat er Sprechstunde?	**När har han mottagningstid?** nä:r ha:r hann mu:t-'ta:gnings-ti:d?
Kann er herkommen?	**Kan han komma hit?** kann hann komma hi:t?
Mein Mann ist krank.	**Min man är sjuk.** minn mann ä:r schü:k.
Meine Frau ist krank.	**Min fru är sjuk.** minn frü: ä:r schü:k.

Ärzte

Arzt	**läkare** lä:kare
Ärztin	**kvinnlig läkare** kwinnli lä:kare
Augenarzt	**ögonläkare** ö:gon-lä:kare
Frauenarzt	**gynekolog** jynneko'lo:g
Frauenärztin	**kvinnlig gynekolog** kwinnli jynneko'lo:g
Hals-Nasen-Ohren-Arzt	**öron-näsa-halsläkare** ö:ron-nä:sa-hals-lä:kare
Hautarzt	**hudläkare** hü:d-lä:kare
Heilpraktiker	**naturläkare** na'tü:r-lä:kare
Internist	**invärtesläkare** innwärtes-lä:kare
Kinderarzt	**barnläkare** ba:rn-lä:kare
Orthopäde	**ortoped** orto'pe:d
Praktischer Arzt	**allmänläkare** allmän-lä:kare
Tierarzt	**veterinär** weteri'nä:r
Urologe	**urolog** üro'lo:g
Zahnarzt	**tandläkare** tand-lä:kare

Beim Arzt

Ich habe ...	Jag har ... ja: ha:r ...
... Kopfschmerzen.	... huvudvärk. ... hü:wüd-wärk.
... Halsschmerzen.	... halsont. ... hals-u:nt.
... Fieber.	... feber. ... fe:ber.
... hohes Fieber.	... hög feber. ... hö:g fe:ber.
... eine Grippe.	... influensa. ... inflü'ensa.
... Durchfall.	... diaré. ... dia're:.
Ich bin (stark) erkältet.	Jag är (väldigt) förkyld. ja: ä:r (wä:ldit) för-'chy:ld.

Info

Im Schwedischen wird sprachlich kein Unterschied zwischen Arzt und Ärztin gemacht. Falls Sie betonen wollen, dass Sie zu einer Ärztin wollen, setzen Sie kvinnlig kwinnli (weiblich) vor das Wort für Arzt (läkare lä:kare).

Ich fühle mich nicht wohl.	Jag känner mig dålig. ja: chänner mej do:li.
Mir ist schwindelig.	Jag har yrsel. ja: ha:r yrschel.
Mir tut ... weh. ▸ *Körperteile, S. 205*	Det gör ont i ... de: jö:r u:nt i ...
Mir tun ... weh.	Det gör ont i ... de: jö:r u:nt i ...
Hier habe ich Schmerzen.	Här har jag ont. hä:r ha:r ja: u:nt.
Ich habe mich (mehrmals) übergeben.	Jag har kräkts (flera gånger). ja: ha:r krä:kts (flera gonger).
Ich habe mir den Magen verdorben.	Jag har ont i magen. ja: ha:r u:nt i ma:gen.
Ich bin ohnmächtig geworden.	Jag har svimmat. ja: ha:r swimmat.
Ich kann ... nicht bewegen.	Jag kan inte röra på ... ja: kann inte rö:ra po: ...
Ich habe mich verletzt.	Jag har gjort illa mig. ja: ha:r ju:rt illa mej.
Ich bin gestürzt.	Jag har ramlat. ja: ha:r rammlat.

Ich bin von ... gestochen worden.	**Jag har blivit stucken av ...** ja: ha:r bli:wit stücken a:w ...
Ich bin von ... gebissen worden.	**Jag har blivit biten av ...** ja: ha:r bli:wit bi:ten a:w ...
Ich bin (nicht) gegen ... geimpft.	**Jag är (inte) vaccinerad mot ...** ja: ä:r (inte) waksi'ne:rad mu:t ...
Ich bin allergisch gegen Penizillin.	**Jag är allergisk mot penicillin.** ja: ä:r a'llergisk mu:t pennisi'li:n.
Mein Kind ist allergisch gegen Milchprodukte.	**Mitt barn är allergiskt mot mjölkprodukter.** mitt ba:rn ä:r a'llergiskt mu:t mjölk-pro'dükter.
Ich habe einen ... Blutdruck.	**Jag har ... blodtryck.** ja: ha:r ... blu:d-tryck.
... hohen	**... högt** ... högt
... niedrigen	**... lågt** ... lo:gt
Ich habe einen Herzschrittmacher.	**Jag har en pacemaker.** ja: ha:r enn pejs-mejker.
Ich bin (im ... Monat) schwanger.	**Jag är gravid (i ... månaden).** ja: ä:r gra'wi:d (i ... mo:naden).
Ich bin Diabetiker.	**Jag har diabetes.** ja: ha:r dia'be:tes.
Ich nehme regelmäßig diese Medikamente.	**Jag tar de här medicinerna regelbundet.** ja: ta:r domm hä:r medi'si:nerna regel-bündet.

Das könnten Sie hören:

◂Vad har du för besvär?
wa:d ha:r dü: fö:r be'swä:r?
Was für Beschwerden haben Sie?

◂Var gör det ont?
wa:r jö:r de: u:nt?
Wo haben Sie Schmerzen?

◂Gör det ont?
jö:r de: u:nt?
Tut das weh?

◂Öppna munnen.
öppna münnen.
Öffnen Sie den Mund.

◂Sträck ut tungan.
sträck ü:t tüngan.
Zeigen Sie die Zunge.

◂Var snäll och ta av dig på överkroppen.
wa:r snäll o: ta: a:w dej po: ö:wer-kroppen.
Bitte machen Sie den Oberkörper frei.

◂Dra upp ärmen.
dra: üpp ärmen.
Bitte machen Sie Ihren Arm frei.

◂Vi måste röntga dig.
wi: moste röntga dej.
Wir müssen Sie röntgen.

◂Andas in djupt. Håll andan.
andas inn jü:pt. holl andan.
Atmen Sie tief ein. Atem anhalten.

◂Hur länge har du haft de här besvären?
hü:r länge ha:r dü: haft domm hä:r be'swä:ren?
Wie lange haben Sie diese Beschwerden schon?

◂Är du vaccinerad mot ...?
ä:r dü: waksi'ne:rad mu:t ...?
Sind Sie gegen ... geimpft?

◂Har du ett vaccinationsintyg?
ha:r dü: ett waksina'schu:ns-innty:g?
Haben Sie einen Impfpass?

◂... måste undersökas.
... moste ünder-schökas.
Ihr ... muss untersucht werden.

... Ditt blod — ... Blut
... ditt blu:d

... Din urin — ... Urin
... dinn ü'rin

◂Du måste opereras. — Sie müssen operiert werden.
dü: moste ope're:ras.

◂Det är inget allvarligt.
de: ä:r inget allwa:lit.
Es ist nichts Ernstes.

◂Var snäll och kom tillbaka i morgon igen.
wa:r snäll o komm till'ba:ka i morron i'jenn.
Kommen Sie morgen wieder.

◂Var snäll och kom tillbaka om ... dagar igen.
wa:r snäll o komm till'ba:ka omm ... da:gar i'jenn.
Kommen Sie in ... Tagen wieder.

Können Sie mir ein Attest ausstellen?	Skulle jag kunna få en attest? skülle ja: künna fo: enn a'ttest?
Muss ich noch einmal kommen?	Måste jag komma hit igen? moste ja: komma hi:t i'jenn?
Ich brauche eine Quittung für meine Versicherung.	Jag behöver ett kvitto till mitt försäkringsbolag. ja: be'hö:wer ett kwitto till mitt för'schä:krings-bu:la:g.

Im Krankenhaus

Spricht hier jemand Deutsch?	Pratar någon här tyska? pra:tar no:gon hä:r tyska?
Ich möchte mit einem Arzt sprechen. ▸ *Beim Arzt, S. 199*	Jag skulle vilja prata med en läkare. ja: skülle wilja pra:ta me: enn lä:kare.
Ich möchte mich lieber in Deutschland operieren lassen.	Jag vill hellre bli opererad i Tyskland. ja: will hellre bli: ope're:rad i tyskland.
Ich habe eine Versicherung für den Rücktransport.	Jag har en försäkring för transporten hem. ja: ha:r enn för-'schä:kring fö:r trans'porten hemm.
Bitte benachrichtigen Sie meine Familie.	Var snäll och informera min familj. wa:r snäll o: infor'me:ra mi:n fa'mi:lj.

Entschuldigung, können Sie mir bitte helfen?	Ursäkta, kan du vara snäll och hjälpa mig? ü:r'schäckta, kann dü: wa:ra snäll o: jälpa mej?
Geben Sie mir bitte etwas ...	Var snäll och ge mig något ... wa:r snäll o: je: mej no:got ...
... gegen die Schmerzen.	... mot smärtan. ... mu:t smä:rtan.
... zum Einschlafen.	... så att jag kan somna. ... so: att ja: kann somna.

Körperteile

Arm	arm, -en arm
Auge	öga, -t ö:ga
Bandscheibe	disk, -en disk
Bauch	mage, -n ma:ge
Becken	bäcken, bäcknet bäcken
Bein	ben, -et be:n
Blase	blåsa, -n blo:sa
Blinddarm	blindtarm, -en blind-tarm
Blut	blod, -et blu:d
Bronchien	luftrör, -en lüft-rör
Brust	bröst, -et bröst
Darm	tarm, -en tarm
Ferse	häl, -en hä:l
Finger	finger, fingret finger
Fuß	fot, -en fu:t
Galle	gallblåsa, -n gall-blo:sa
Gehirn	hjärna, -n jä:rna
Gelenk	led, -en le:d
Gesäß	bak, -en ba:k

Geschlechtsorgane	könsorgan, -en chö:ns-or'gan
Gesicht	ansikte, -t ann-sikte
Hals	hals, -en hals
Hand	hand, -en hand
Haut	hud, -en hü:d
Herz	hjärta, -t jä:rta
Hüfte	höft, -en höft
Knie	knä, -t knä:
Kniescheibe	knäskål, -en knä:-sko:l
Knöchel	ankel, -n ankel
Knochen	ben, -et be:n
Kopf	huvud, -et hü:wüd
Körper	kropp, -en kropp
Leber	lever, -n le:wer
Lunge	lunga, -n lünga
Magen	magsäck, -en ma:g-säck
Mandeln	halsmandlar, -na hals-mandlar
Mund	mun, -nen münn
Muskel	muskel, -n müskel
Nacken	nacke, -n nacke
Nase	näsa, -n nä:sa
Nebenhöhle	bihåla, -n bi:-ho:la
Nerv	nerv, -en nerw
Niere	njure, -n njü:re
Ohr	öra, -t ö:ra
Rippe	revben, -et re:w-be:n
Rücken	rygg, -en rygg
Schienbein	skenben, -et sche:n-be:n
Schilddrüse	sköldkörtel, -n schöld-'chörtel
Schleimhaut	slemhinna, -n slemm-'hinna
Schlüsselbein	nyckelben, -et nyckel-be:n
Schulter	axel, -n aksel
Sehne	sena, -n se:na
Stirn	panna, -n panna

Stirnhöhle	bihåla, -n bi:-ho:la
Wade	vad, -en wa:d
Wirbel	ryggkota, -n rygg-ku:ta
Wirbelsäule	ryggrad, -en rygg-ra:d
Zahn	tand, -en tand
Zehe	tå, -n to:
Zunge	tunga, -n tünga

Krankheiten

Abszess	abscess, -en ab'sess
Aids	aids ejds
Allergie	allergi, -n aller'gi:
Angina	halsfluss, -en hals-flüss
ansteckend	smittsam smittsamm
Asthma	astma, -n astma
Atembeschwerden	andningsbesvär, -en andnings-be'swä:r
Ausschlag	utslag, -et ü:t-sla:g
Bänderriss	ledbandsruptur, -en le:d-bands-rüp'tü:r
Bänderzerrung	sensträckning, -en se:n-sträckning
Bindehaut-entzündung	bindhinneinflamation, -en bind-hinne-inn-flamma'schu:n
Biss	bett, -et bett
Blase	blåsa, -n blo:sa
Blasenentzündung	urinblåseinflammation, -en ü'ri:n-blo:se-inn-flamma'schu:n
Blinddarm-entzündung	blindtarmsinflammation, en blind-tarms-inn-flamma'schu:n
hoher Blutdruck	högt blodtryck högt blu:d-tryck
niedriger Blutdruck	lågt blodtryck lo:gt blu:d-tryck
Blutung	blödning, -en blö:dning
Blutvergiftung	blodförgiftning, -en blu:d-för'jiftning
Bronchitis	luftrörskatarr, -en lüft-rörsch-ka'tarr

Bypass	bypassoperation, -en bai-pass-opera'schu:n
Diabetes	diabetes, -en dia'be:tes
Durchfall	diaré, -n dia're:
Entzündung	inflammation, -en inn-flamma'schu:n
Erbrechen	kräkning, -en krä:kning
Erkältung	förkylning, -en för-chy:lning
Fieber	feber, -n fe:ber
Gallensteine	gallsten, -en gall-ste:n
gebrochen	bruten brü:ten
Gehirnerschütterung	hjärnskakning, -en jä:rn-ska:kning
Geschlechtskrankheit	könssjukdom, -en chö:ns-schü:kdu:m
Grippe	influensa, -n inflü'ensa
Hämorriden	hemorrojder, -na hemor'rojder
Herpes	herpes, -en herpes
Herzanfall	hjärtattack, -en jä:rt-attack
Herzfehler	hjärtfel, -et jä:rt-fe:l
Herzinfarkt	hjärtinfarkt, -en jä:rt-in'farkt
Herzschrittmacher	pacemaker, -n pejs-mejker
Heuschnupfen	hösnuva, -n hö:-snü:wa
Hexenschuss	ryggskott, -et rygg-skott
Hirnhautentzündung	hjärnhinneinflammation, -en jä:rn-hinne-inn-flamma'schu:n
Husten	hosta, -n hu:sta
Infektion	infektion, -en infek'schu:n
Ischias	ischias, -en ischias
Keuchhusten	kikhosta, -n chi:k-hu:sta
Kinderlähmung	polio, -n polio
Kolik	kolik, -en ko'li:k
Krampf	kramp, -en kramp
Krankheit	sjukdom, -en schü:kdu:m
Krebs	cancer, -n kanser
Kreislaufstörungen	circulationsrubbningar, -na sirküla'schu:ns-rübbningar

Lebensmittelvergiftung	matförgiftning, -en ma:t-för'jiftning
Leistenbruch	ljumskbråck, -et jümsk-brock
Lungenentzündung	lunginflammation, -en lüng-inn-flamma'schu:n
Magengeschwür	magsår, -et ma:g-so:r
Magenschmerzen	magont, - ma:g-u:nt
Mandelentzündung	halsmandelinflammation, -en hals-mandel-inn-flamma'schu:n
Masern	mässling, -en mässling
Menstruation	menstruation, -en menstrüa'schu:n
Migräne	migrän, -en mi'grä:n
Mittelohrentzündung	öroninflammation, -en ö:ron-inn-flamma'schu:n
Mumps	påssjuka, -n po:s-'schü:ka
Muskelzerrung	muskelsträckning, -en müskel-sträckning
Nasenbluten	näsblod, -et nä:s-blu:d
Neuralgie	neuralgi, -n newral'gi:
Nierensteine	njursten, -en njü:r-ste:n
Pilzinfektion	svampinfektion, -en swamp-infek'schu:n
Prellung	kontusion, -en kontü'schu:n
Reisekrankheit	rörelsesjuka, -n rö:relse-schü:ka
Rheuma	reumatism, -en reuma'tism
Röteln	röda hund rö:da hünd
Salmonellenvergiftung	salmonellainfektion, -en salmo'nella-infek'schu:n
Scharlach	scharlakansfeber, -n scha:rlaka:ns-fe:ber
Scheidenentzündung	inflammation i slidan inn-flamma'schu:n i sli:dan
Schlaganfall	slaganfall, -et sla:g-an'fall
Schnupfen	snuva, -n snü:wa
Schock	chock, -en schock
Schüttelfrost	frossa, -n frossa
Schweißausbruch	svettning, -en swettning

Schwellung	svullnad, -en swüllnad
Schwindel	yrsel, -n yrschel
Sodbrennen	halsbränna, -n hals-bränna
Sonnenbrand	solbränna, -n su:l-bränna
Sonnenstich	solsting, -et su:l-sting
Stich *(Mücke)*	sting, -et sting
Tetanus	stelkramp, -en ste:l-kramp
bösartiger Tumor	elakartad tumör e:lak-a:rtad tü'mö:r
Übelkeit	illamående, -t illa-mo:ende
Verbrennung	brännskada, -n bränn-ska:da
Verletzung	skada, -n ska:da
verrenkt	vrickat wrickat
verstaucht	stukat stü:kat
Verstopfung	förstoppning, -en för'stoppning
Windpocken	vattkoppor, -na watt-koppur
Wunde	sår, -et so:r
Zeckenbiss	fästingbett, -et fästing-bett

Zahnarzt

Dieser Zahn hier tut weh.	Den här tanden gör ont. denn hä:r tanden jö:r u:nt.
Der Zahn ist abgebrochen.	Tanden har gått av. tanden ha:r gott a:w.
Ich habe eine ... verloren.	Jag har blivit av med en ... ja: ha:r bli:wit a:w me: enn ...
... Füllung	... fyllning. ... fyllning.
... Krone	... krona. ... kru:na.

Können Sie den Zahn provisorisch behandeln?	Kan du behandla tanden provisoriskt? kann dü: be'handla tanden prowi'so:riskt?
Den Zahn bitte nicht ziehen.	Dra inte ut tanden. dra: inte ü:t tanden.
Geben Sie mir bitte eine Spritze.	Skulle jag kunna få en spruta? skülle ja: künna fo: enn sprü:ta?
Geben Sie mir bitte keine Spritze.	Jag vill inte ha någon spruta. ja: will inte ha: no:gon sprü:ta.
Können Sie diese Prothese reparieren?	Kan du reparera den här protesen? kann dü: repa're:ra denn hä:r pro'te:sen?

Das könnten Sie hören:

◂ Du behöver en ... dü: be'hö:wer enn ...	Sie brauchen eine ...
... fyllning. ... fyllning.	... Füllung.
... krona. ... kru:na.	... Krone.
... brygga. ... brygga.	... Brücke.

◂ Jag måste dra ut tanden.
ja: moste dra: ü:t tanden.
Ich muss den Zahn ziehen.

◂ Var god och skölj nogrannt.
va:r gu:d o: schölj nu:grannt.
Bitte gut spülen.

◂ Du får inte äta på två timmar.
dü: fo:r inte ä:ta po: two: timmar.
Bitte zwei Stunden nichts essen.

Weitere Wörter

Abdruck	avtryck, -et a:w-tryck
Amalgamfüllung	amalgamfyllning, -en amal'ga:m-fyllning
Gebiss	löständer, -na lö:s-tänder
Goldinlay	guldfyllning, -en güld-fyllning
Inlay	fyllning, -en fyllning
Karies	karies ka:ries
Kiefer	käke, -n chä:ke
Kunststofffüllung	fyllning av kompositmaterial fyllning a:w komposi:t-materi'a:l
Nerv	nerv, -en nerw
Parodontose	tandlossning, -en tand-lossning
Porzellanfüllung	porslinsfyllning, -en porsch'li:ns-fyllning
Provisorium	provisorium, provisoriet prowi'so:rium
Weisheitszahn	visdomstand, -en wi:sdu:ms-tand
Wurzel	rot, -en ru:t
Wurzelbehandlung	rotbehandling, -en ru:t-be'handling
Zahn	tand, -en tand
Zahnfleisch	tandkött, -et tand-chött
Zahnfleisch-entzündung	tandköttsinflammation, -en tand-chötts-inn-flamma'schu:n
Zahnspange	tandställning, -en tand-ställning
Zahnstein	tandsten, -en tand-ste:n

Zeit & Wetter

… die wichtigsten Sätze

Wie spät ist es?	Hur mycket är klockan? hü:r mycke ä:r klockan?
Es ist ein Uhr.	Klockan är ett. klockan ä:r ett.
Es ist zwei Uhr.	Klockan är två. klockan ä:r two:.
Es ist fünf nach vier.	Klockan är fem (minuter) över fyra. klockan ä:r femm (mi'nü:ter) ö:wer fyra
Es ist Viertel nach fünf.	Klockan är kvart över fem. klockan ä:r kwart ö:wer femm.
Es ist halb sieben.	Klockan är halv sju. klockan ä:r halw schü:.
Um wie viel Uhr?	Vilken tid? wilken ti:d?
In einer halben Stunde.	Om en halvtimme. omm enn halw-timme.
Zwischen zehn und zwölf Uhr.	Mellan tio och tolv. mellan ti:o o: tolw.

Es ist (zu) spät.	Det är (för) sent. de: ä:r (för) se:nt.
Es ist noch zu früh. *▸Uhrzeit, S. 216*	Det är för tidigt. de: ä:r för ti:dit.
Was für ein schönes Wetter heute!	Vilket vackert väder vi har i dag! wilket wackert wä:der wi: ha:r i da:g!
Was sagt der Wetterbericht?	Vad säger väderprognosen? wa: säijer wä:der-prog'no:sen?
Es wird schön.	Det blir fint. de: bli:r fi:nt.
Es ist ziemlich windig.	Det är ganska blåsigt. de: ä:r ganska blo:sit.
Es regnet.	Det regnar. de: regnar.
Wie viel Grad haben wir?	Hur många grader är det? hü:r monga gra:der ä:r de:?
Es sind ... Grad. *▸Wetter, S. 220*	Det är ... grader. de: ä:r ... gra:der.

Info

Bei der Angabe der Uhrzeit verwendet man in der gesprochenen Sprache meist die Zahlen von 1 bis 12. Zur Verdeutlichung kann man på morgonen po: morronen (morgens), på eftermiddagen po: efter-middan (nachmittags) oder på kvällen po: kvällen (abends) hinzufügen.

Zeit

Uhrzeit

Wie spät ist es?	Hur mycket är klockan? hü:r mycke ä:r klockan?
Es ist ein Uhr.	Klockan är ett. klockan ä:r ett.
Es ist zwei Uhr.	Klockan är två. klockan ä:r two:.
Es ist zwölf Uhr ...	Klockan är tolv på ... klockan ä:r tolw po: ...
... mittags.	... dagen. ... da:gen.
... nachts.	... natten. ... natten.
Es ist fünf nach vier.	Klockan är fem (minuter) över fyra. klockan ä:r femm (mi'nü:ter) ö:wer fyra.
Es ist Viertel nach fünf.	Klockan är kvart över fem. klockan ä:r kwart ö:wer femm.
Es ist halb sieben.	Klockan är halv sju. klockan ä:r halw schü:.
Es ist 15 Uhr 35.	Klockan är 15:35. klockan ä:r femton tretti-femm.

Es ist Viertel vor neun.	Klockan är kvart i nio. klockan ä:r kwart i ni:o.
Es ist zehn vor acht.	Klockan är tio (minuter) i åtta. klockan ä:r ti:o (mi'nü:ter) i otta.
Um wie viel Uhr?	Vilken tid? wilken ti:d?
Um zehn Uhr.	Klockan tio. klockan ti:o.
Bis elf Uhr.	Till klockan elva. till klockan elwa.
Von acht bis neun Uhr.	Från klockan åtta till nio. fro:n klockan otta till ni:o.
Zwischen zehn und zwölf Uhr.	Mellan tio och tolv. mellan ti:o o: tolw.
In einer halben Stunde.	Om en halvtimme. omm enn halw-timme.
Es ist (zu) spät.	Det är (för) sent. de: ä:r (för) se:nt.
Es ist noch zu früh.	Det är för tidigt. de: ä:r för ti:dit.

Zeitangaben

Abend	kväll, -en kwäll
bald	snart sna:rt
bis	till till
früh	tidigt ti:dit
gestern	i går i go:r
heute	i dag i da:g
heute Abend	i kväll i kwäll

heute Morgen	i morse i morsche
heute Nachmittag	i eftermiddag i efter-midda:g
in 14 Tagen	om fjorton dagar omm fju:rton da:gar
Jahr	år, -et o:r
jetzt	nu nü:
manchmal	ibland i'bland
Minute	minut, -en mi'nü:t
mittags	vid lunchtid vi:d lunsch-ti:d
Monat	månad, -en mo:nad
Morgen	morgon, -en morron
morgen	i morgon i morron
morgens	på morgonen po: morronnen
nächstes Jahr	nästa år nästa o:r
Nachmittag	eftermiddag, -en efter-midda:g
Nacht	natt, -en natt
nachts	på natten po: natten
seit	sedan se:dan
Sekunde	sekund, -en se'künd
spät	sent se:nt
später	senare se:nare
Stunde	timme, -n timme
halbe Stunde	halvtimme, -n halw-timme
Tag	dag, -en da:g
übermorgen	i övermorgon i ö:wer-morron
um	klockan klockan
Viertelstunde	kvart, -en kwart
vor einem Monat	för en månad sedan för enn mo:nad se:dan
vor Kurzem	nyligen ny:ligen
vorgestern	i förrgår i förr-go:r
Vormittag	förmiddag, -en för-midda:g
vormittags	på förmiddagen po: för-midda:gen
Woche	vecka, -n wecka
Zeit	tid, -en ti:d

Jahreszeiten

Frühling	vår, -en wo:r
Sommer	sommar, -en sommar
Herbst	höst, -en höst
Winter	vinter, -n winter

Wochentage

Montag	måndag mon-da:g
Dienstag	tisdag ti:s-da:g
Mittwoch	onsdag u:ns-da:g
Donnerstag	torsdag tursch-da:g
Freitag	fredag fre:-da:g
Samstag	lördag lör-da:g
Sonntag	söndag sön-da:g

Monate

Januar	januari janü'a:ri
Februar	februari febrü'a:ri
März	mars marsch
April	april a'pri:l
Mai	maj mai
Juni	juni jü:ni
Juli	juli jü:li
August	augusti au'güsti
September	september sep'tember
Oktober	oktober ok'tu:ber
November	november no'wember
Dezember	december de'sember

Wetter

Was für ein ... Wetter heute!	**Vilket ... väder vi har i dag!** wilket ... wä:der wi: ha:r i da:g!
... schönes	**... vackert** ... wackert
... schlechtes	**... dåligt** ... do:lit
Wie wird das Wetter ...	**Hur blir vädret ...** hü:r blir wä:dret ...
... heute?	**... i dag?** ... i da:g?
... morgen?	**... i morgon?** ... i morron?
Was sagt der Wetterbericht?	**Vad säger väderprognosen?** wa: säijer wä:der-prog'no:sen?
Es wird ...	**Det blir ...** de: bli:r ...
... schön.	**... fint.** ... fi:nt.
... schlecht.	**... dåligt.** ... do:lit.
... warm.	**... varmt.** ... warmt.
... heiß.	**... hett.** ... hett.
... kalt.	**... kallt.** ... kallt.
... schwül.	**... kvavt.** ... kwa:wt.
Es wird ... geben.	**Det kommer att ...** de: kommer att ...
... Regen	**... regna.** ... regna.
... ein Gewitter	**... åska.** ... oska.
Die Sonne scheint.	**Solen skiner.** su:len schi:ner.
Es ist ziemlich windig.	**Det är ganska blåsigt.** de: ä:r ganska blo:sit.
Es regnet.	**Det regnar.** de: regnar.

Es schneit.	**Det snöar.** de: snö:ar.
Wie viel Grad haben wir?	**Hur många grader är det?** hü:r monga gra:der ä:r de:?
Es sind ... Grad (unter null).	**Det är ... grader (minus).** de: ä:r ... gra:der (mi:nüs).

Weitere Wörter

bewölkt	**molnig** mu:lni
Blitz	**blixt, -en** blikst
Dämmerung *(morgens)*	**gryning, -en** gry:ning
Dämmerung *(abends)*	**skymning, -en** schymmning
diesig	**disig** di:si
Donner	**åska, -n** oska
feucht	**fuktig** fük-ti
frieren	**frysa** fry:sa
es friert	**det fryser** de: fry:ser
Frost	**frost, -en** frost
Glatteis	**halka, -n** halka
Grad	**grad, -en** gra:d
Hagel	**hagel, haglet** ha:gel
heiter	**strålande** stro:lande
Hitze	**värme, -n** wärme
Hitzewelle	**värmebölja, -n** wärme-bölja
Hoch	**högtryck, -et** hö:g-tryck
klar	**klar** kla:r
Klima	**klimat, -et** kli'ma:t
kühl	**kylig** chy:li
Luft	**luft, -en** lüft
Luftdruck	**lufttryck, -et** lüft-tryck
Mond	**måne, -n** mo:ne

nass	blöt blö:t
Nebel	dimma, -n dimma
Niederschläge	nederbörd, -en ne:der-börd
Nieselregen	duggregn, -et dügg-regn
Regenschauer	regnskur, -en regn-skü:r
regnerisch	regnig regni
Schnee	snö, -n snö:
Sonne	sol, -en su:l
Sonnenaufgang	soluppgång, -en su:l-üpp-gong
Sonnenuntergang	solnedgång, -en su:l-ne:d-gong
sonnig	solig su:li
Stern	stjärna, -n schä:rna
Sturm	storm, -en sto:rm
stürmisch	stormig sto:rmi
tauen	töa tö:a
es taut	det töar de: tö:ar
Temperatur	temperatur, -en tempera'tü:r
Tief	lågtryck, -et lo:g-tryck
trocken	torka torka
Unwetter	oväder, ovädret u:wä:der
wechselhaft	växlande wäkslande
Wind	vind, -en wind
Wolke	moln, -et muln

Deutsch – Schwedisch

A

Abend kväll, -en kwäll
aber men menn
Abfahrt avgång, -en a:w-gong
abholen hämta hämmta
abreisen avresa a:w-re:sa
absichtlich med avsikt me:d a:w-sickt
Abteil *(Zug)* kupé, -n kü'pe:
Adapter adapter, -n a'dappter
Adresse adress, -en a'dress
ähnlich lik li:k
Akku uppladdningsbar batteri üpp-laddnings-ba:r batte'ri:
allein ensam e:nsam
alles allt *n* allt; **alle** alla *pl* alla
alt gammal gammal
Alter ålder, -n older
Altstadt gamla stan gammla sta:n
Andenken souvenir, -en suwe'ni:r
anderes annat *n* annat
anfangen börja börja
ankommen ankomma ann-komma
Ankunft ankomst, -en ann-kommst
Anlegestelle *(Schiff)* kajplats, -en kai-plats
Anmeldung anmälan, - ann-mä:lan
Anschluss anslutning, -en ann-slü:tning
Ansichtskarte vykort, -et wy:-kurt
anstatt i stället för i stället fö:r
ansteckend smittande smittande
Antibiotikum antibiotikum, -et anti'bio:tiküm
Antwort svar, -et swa:r
Anzahlung handpenning, -en hand-penning
Apfelsaft äppeljuice, -n äppel-ju:s
Apotheke apotek, -et apo'te:k
Appartement lägenhet, -en lä:genhe:t
arbeiten jobba jobba
arm fattig fatti
Armband armband, -et arm-band
Arzt läkare, -n lä:kare
Aschenbecher askkopp, -en ask-kopp
auch också ockso:
Aufenthalt uppehåll, -et üppe-holl
aufhören sluta slü:ta
Aufzug hiss, -en hiss
Auge öga, -t ö:ga
Augentropfen ögondroppar, -na *pl* ö:gon-droppar

aus från fro:n
Ausflug utflykt, -en ü:t-flykt
Ausflugsboot utflyktsbåt, -en ü:t-flykts-bo:t
Ausgang utgång, -en ü:t-gong
ausmachen *(Licht)* släcka släcka; *(vereinbaren)* bestämma be'stämma
Auspuff avgasrör, -et a:w-ga:s-rör
Aussicht utsikt, -en ü:t-sickt
aussteigen stiga av sti:ga a:w
Ausstellung utställning, -en ü:t-ställning
Ausverkauf rea, -n re:a
ausverkauft utsåld ü:t-sold
Auswahl urval, -et ü:r-wa:l
auswechseln byta ut by:ta ü:t
Ausweis legitimationskort, -et legitima'schu:ns-kurt
Auto bil, -en bi:l
Autobahn motorväg, -en mu:tor-wä:g
Autofähre bilfärja, -n bi:l-färja

B

Baby baby, -n bejbi
Babyfläschchen nappflaska, -n napp-flaska
Babyfon babyfon, -en bejbi'fo:n
Bad bad, -et ba:d
Badeanzug baddräkt, -en ba:d-dräkt
Badehose badbyxor, -na *pl* ba:d-byksur
Bademantel badrock, -en ba:d-rock
baden bada ba:da
Badewanne badkar, -et ba:d-ka:r
Badezimmer badrum, -met ba:d-rümm
Bahnhof järnvägsstation, -en jä:rn-wä:gs-sta'schu:n
bald snart sna:rt
Ball boll, -en boll
Bank *(Geldinstitut)* bank, -en bank
bar kontant kon'tant
Bart skägg, -et schägg
Bauch mage, -n ma:ge
Baum träd, -et trä:d
Baumwolle bomull, -en bum'ü
Becher bägare, -n bä:gare
bedeuten betyda be'ty:da
Bedienung betjäning, -en be'schä:ning
beenden avsluta a:w-slü:ta
beginnen börja börja
behindert handikappad handi-kappad
behindertengerecht handikappvänlig handikapp-wä:nli
bei vid wi:d
beide båda bo:da
Bein ben, -et be:n

Beispiel exempel, exemplet ek'sempel; **zum ~** till exempel till ek'sempel
belästigen ofreda u:freda
bequem bekväm be'kwä:m
Beruf yrke, -t yrke
berühmt berömd be'römmd
Besen kvast, -en kwast
besetzt upptaget üpp-ta:get
besichtigen titta på titta po:
Besteck bestick, -et be'stick
bestellen beställa be'ställa
besuchen besöka be'sö:ka
Betrag belopp, -et be'lopp
Bett säng, -en säng
Bettdecke täcke, -t täcke
Bettlaken lakan, -et la:kan
Bettwäsche sängkläder, -na *pl* säng-klä:der
bewölkt molnig mu:lni
bezahlen betala be'ta:la
Bier öl, -en ö:l; **alkoholfreies ~** alkoholfri öl alko'ho:l-fri: ö:l
Bild bild, -en bild
billig billig billi
bis till till
Biss bett, -et bett
bisschen lite grann li:te grann
bitte snälla snälla
bleiben stanna stanna
blind blind blind
Blitz blixt, -en blikst
Blume blomma, -n blumma
Bluse blus, -en blü:s
Blut blod, -et blu:d
böse ond u:nd
brauchen behöva be'hö:wa
Brief brev, -et bre:w
Briefmarke frimärke, -t fri:-märke
Brille glasögon, -en *pl* gla:s-ö:gon
Brot bröd, -et brö:d
Brötchen fralla, -n fralla
Brücke bro, -n bru:
Bruder bror, brodern bru:r
Brunnen brunn, -en brünn
Brust bröst, -et bröst
Buch bok, -en bu:k
bügeln stryka stry:ka
bunt färgglad färj-gla:d
Burg borg, -en borj
Bürste borste, -n borschte
Bus buss, -en büss
Butter smör, -et smör

C

Café kafé, -et ka'fe:
CD CD, -en se:de:
Chor kör, -en kö:r

D

da *(örtlich)* där dä:r; *(weil)* för att för att
Dämmerung *(abends)* skymning, -en schymmning; *(morgens)* gryning, -en gry:ning

danach därefter dä:r-efter
Dank tack, -et tack; **Vielen ~!** Tack så mycket! tack so: mycke!
danke tack tack
dasselbe detsamma de:'samma
Datum datum, -et da:tüm
dauern dröja dröija
Deck däck, -et däck
Decke täcke, -t täcke
denken tänka tänka
Deo deodorant, -en deodo'rant
Desinfektionsmittel desinfektionsmedel, -medlet desinfek'schu:ns-me:del
deutsch tysk tysk; **auf Deutsch** på tyska po: tyska
Deutschland Tyskland tysk-land
Diabetes diabetes, -en dia'be:tes
Diät diet, -en di'e:t
dick tjock schock
Dieb tjuv, -en schü:w
diese(r) denna denna; **dieses** detta *n* detta
diesig disig di:si
Digitalkamera digitalkamera, -n digi'ta:l-ka:mera
Ding sak, -en sa:k
direkt direkt di'rekt
Dom domkyrka, -n du:m-chyrka
Donner åska, -n oska
Dorf by, -n by:
dort där dä:r
Dose burk, -en bürk
Draht tråd, -en tro:d
draußen ute ü:te
drehen vrida wri:da
drinnen inne inne
drucken skriva ut skri:wa ü:t
drücken trycka trycka
dumm dum dümm
dunkel mörk mörk
dünn smal sma:l
durch genom je:nom
Durchfall diaré, -n dia're:
dürfen få fo:; **Darf ich?** Får jag? fo:r ja:?
durstig törstig törschti
Dusche dusch, -en düsch
duschen duscha düscha

E

echt äkta äckta
Ecke hörn, -et hörn
Ehefrau fru, -n frü:
Ehemann man, mannen mann
Ei ägg, -et ägg
Eimer hink, -en hink
einfach enkel enkel
einfarbig enfärgad e:n-färjad
Eingang ingång, -en inn-gong
einige några no:gra
einkaufen handla handla
Einkaufszentrum köpcentrum, -centret chö:p'sentrüm
einladen bjuda bjü:da

einmal en gång e:n gong
einschalten sätta på sätta po:
einschlafen somna sommna
einsteigen stiga på sti:ga po:
Eintritt inträde, -t inn-trä:de
einzeln enskild e:n-schild
Eis glass, -en glass
elegant elegant ele'gant
Empfang reception, -en resep'schu:n
empfehlen rekommendera rekommen'de:ra
empfindlich känslig chänsli
Ende slut, -et slü:t
endlich äntligen änt-ligen
Endstation ändhållplats, -en änd-holl-plats
eng trång tro:ng
Entschuldigen Sie! Ursäkta mig! ü:r'schäckta mej!
entwerten stämpla stämpla
Entzündung inflammation, -en in-flamma'schu:n
Erde jord, -en ju:rd
Erdgeschoss bottenvåning, -en botten-wo:ning
Erkältung förkylning, -en för'chy:lning
Ermäßigung rabatt, -en ra'batt
Ersatzteil reservdel, -en re'serw-de:l
Erwachsener vuxen wüksen
essen äta ä:ta; ~ **gehen** gå ut och äta go: ü:t o ä:ta
Etage våning, -en wo:ning
etwas något no:got; ~ **anderes** något annat no:got annat
Euro euro, -n ewro
EC-Karte elektronkort, -et elek'tro:n-kurt

F

Fähre färja, -n färja
fahren köra chö:ra
Fahrer chaufför, -en scho'ffö:r
Fahrkarte biljett, -en bill'jett
Fahrplan tidtabell, -en ti:d-ta'bell
Fahrrad cykel, -n syckel
falsch fel fe:l
Familie familj, -en fa'milj
Farbe färg, -en färj
fehlen fattas fattas
Fehler fel, -et fe:l
Fenster fönster, fönstret fönster
Ferien semester, -n se'mester
Ferienhaus *(allgem.)* semesterhus, -et se'mester-hü:s; *(typisch schwed.)* stuga, -n stü:ga
Ferienwohnung semesterlägenhet, -en se'mester-lä:genhe:t
Fernseher teve, -n te:we:
fertig klar kla:r
Festung fästning, -en fästning
fett fet fe:t

feucht fuktig fük-ti
Feuer eld, -en eld
Feuerlöscher brandsläckare, -n brand-släckare
Feuerzeug tändare, -n tändare
Fieber feber, -n fe:ber
Fieberthermometer febertermometer, -n fe:ber-termo'me:ter
Filter filter, filtret filter
finden hitta hitta
Finger finger, fingret finger
Fisch fisk, -en fisk
fischen fiska fiska
FKK-Strand nudiststrand, -en nü'dist-strand
Flasche flaska, -n flaska
Fleisch kött, -et chött
fliegen flyga fly:ga
Flohmarkt loppmarknad, -en lopp-marknad
Flughafen flygplats, -en fly:g-plats
Flugzeug flygplan, -et fly:g-pla:n
Fluss flod, -en flu:d
Föhn fön, -en fö:n
Foto foto, -t futo
Fotoapparat kamera, -n ka:mera
fotografieren fotografera futo-gra'fe:ra
Foyer lobby, -n lobbi
fragen fråga fro:ga
Frau kvinna, -n kwinna
Frauenarzt gynekolog, -en jynne-ko'log
frei *(ungebunden)* fri fri:; *(nicht belegt)* ledig le:di
Freilichtmuseum friluftsmuseum, -museet fri:lüfts-mü'se:üm
fremd främmande främmande
Fremdenführer guidebok, -en gaid-bu:k
Freund vän, -vännen wän; **~in** väninna, -n wä'ninna
Friedhof kyrkogård, -en chyrko'go:rd
frieren frysa fry:sa
frisch färsk färschk
Frischhaltefolie plastfolie, -n plast-fu:lie
Frisur frisyr, -en fri'sy:r
Frost frost, -en frost
Frostschutzmittel frostskyddsmedel, -medlet frost-schydds-me:del
früh tidigt ti:dit
Frühling vår, -en wo:r
Frühstück frukost, -en frü'kost
Führerschein körkort, -et chör-kurt
Führung visning, -en wi:s-ning
Fundbüro hittegodsavdelning -en hitte-gu:ds-a:w-de:lning
funktionieren fungera fün'ge:ra

für för fö:r
Fuß fot, -en fu:t
Fußgängerzone gågata, -n go:-ga:ta

G

Gabel gaffel, -n gaffel
Galerie galleri, -et galle'ri:
ganz hel he:l
Garantie garanti, -n garan'ti:
Garten trädgård, -en träd-go:rd
Gaskocher gaskök, -et ga:s-chö:k
Gast gäst, -en jäst
Gebäck bakverk, -en ba:k-werk
Gebäude byggnad, -en byggnad
geben ge je:
Gebirge bergskedja, -n berjs-che:dja
gebrochen bruten brü:ten
gefährlich farlig fa:rli
Gegend område, -t ommro:de
gegenüber mittemot mitt-emu:t
Geheimzahl pinkod, -en pinn-ko:d
gehen gå go:
Gehirn hjärna, -n jä:rna
gehören tillhöra till-hö:ra
Geld pengar *pl* pengar
Geldautomat bankomat, -en banko'ma:t
Gemälde tavla, -n ta:wla
gemeinsam gemensam je'me:nsam
genau noga nu:ga
geöffnet öppet öppet
Gepäck bagage, -t ba'ga:sch
Gepäckaufbewahrung resgodsförvaring, -en re:s-guds-för'wa:ring
geradeaus rakt fram ra:kt framm
Gericht *(Essen)* rätt, -en rätt
gern haben tycka om tycka omm
Geschäft affär, -en a'ffä:r
Geschenk present, -en pre'sent
Geschirr porslin, -et por'schli:n
geschlossen stängt stängt
Geschwister syskon, -en syskon
Gesicht ansikte, -t ansikte
gestern i går i: go:r
gestohlen stulen stü:len
gesund frisk frisk
Getränk dryck, -en dryck
Gewicht vikt, -en wickt
gewinnen vinna winna
Gewürze kryddor, -na kryddur
gewürzt kryddad kryddad
giftig giftig jiffti
Gipfel topp, -en topp
Glas glas, -et gla:s
glauben tro tru:
Gleis spår, -et spo:r
glücklich lycklig lyckli
Gold guld, -et güld

Gottesdienst gudstjänst, -en güds-schänst
Grab grav, -en gra:w
Grad grad, -en gra:d
Gräte ben, -et be:n
Grenze gräns, -en gräns
Grippe influensa, -n inflü'ensa
groß stor stu:r
Größe storlek, -en stu:rlek
grün grön grö:n
gültig giltig jilti
günstig billig billi
Gürtel bälte, -t bällte
gut bra bra:
Gutschein presentkort, -et pre'sent-kurt

H

Haar hår, -et ho:r
Hafen hamn, -en hamn
Hagel hagel, haglet ha:gel
halb halv halw
Halbinsel halvö, -n halw-ö:
Hals hals, -en hals
Halstuch halsduk, -en hals-dü:k
Haltestelle hållplats, -en holl-plats
Hammer hammare, -n hammare
Hand hand, -en hand
Handarbeit handarbete, -t hand-arbe:te
Handbremse handbroms, -en hand-broms
Handcreme handkräm, -en hand-krä:m
Handgepäck handbagage, -t hand-ba'ga:sch
Handschuhe handskar, -na hand-skar
Handtasche handväska, -n hand-wäska
Handtuch handduk, -en hand-dü:k
Handy mobiltelefon, -en mo'bi:l-tele'fo:n
hart hård ho:rd
Hauptsaison högsäsong, -en hö:g-säsong
Hauptstadt huvudstad, -en hü:wüd-sta:d
Haus hus, -et hü:s
hausgemacht hemgjord hemm-ju:rd
Haut hud, -en hü:d
Hautarzt hudläkare, -n hü:d-lä:kare
Heimatmuseum hembygdsmuseum, -museer hemm-bygds-mü'se:üm
heiß het he:t
heißen heta he:ta
Heizung värme, -n wärme
helfen hjälpa jälpa
hell ljus jü:s
Helm hjälm, -en jälm
Hemd skjorta, -n schu:rta
Herbst höst, -en höst

Herd spis, -en spi:s
Herz hjärta, -t jä:rta
heute i dag i da:g; ~ **Abend** i kväll i kwäll; ~ **Morgen** i morse i morsche
hier här hä:r
Hilfe hjälp, -en jälp
hinten bak ba:k; **dort** ~ där bakom dä:r ba:kom
Hitze värme, -n wärme
hoch hög hö:g
Hof gård, -en go:rd
hoffentlich förhoppningsvis för'hoppnings-wi:s
Höhle grotta, -n grotta
holen hämta hämmta
homöopathisch homeopatisk ho:meo'pa:tisk
Honig honung, -en ho:nüng
hören höra hö:ra
Hotel hotell, -et ho'tell
hübsch snygg snygg
Hügel kulle, -n külle
Hund hund, -en hünd
hungrig hungrig hüngri
Hupe tuta, -n tü:ta
Husten hosta, -n hu:sta
Hut hatt, -en hatt
Hütte stuga, -n stü:ga

I

immer alltid all-ti:d
in *(räumlich)* i i:; *(zeitlich)* om omm
inbegriffen inkluderad in-klü'de:rad
Infektion infektion, -en infek'schu:n
Information information, -en informa'schu:n
Innenstadt innerstad, -en inner-sta:d
Insektenstich insektsbett, -et insekts-bett
Insel ö, -n ö:
Insulin insulin, -et insü'li:n
interessant intressant intres'sant

J

ja ja ja:
Jacke jacka, -n jacka
Jahr år o:r; **nächstes** ~ nästa år nästa o:r
Jahrhundert århundrade, -t o:r'hündrade
Jeans jeans, -en ji:ns
jemand någon no:gon
jetzt nu nü:
Jod jod, -en jodd
joggen jogga jogga
Joghurt yogurth, -en jo:gürt
Jugendherberge vandrarhem, -hemmet wandrar-hemm
jung ung üng
Junge pojke, -n poike
Juwelier juvelerare, -n jü:we'le:rare

K

Kabel kabel, -en ka:bel
Kaffee kaffe, -t kaffe
Kaffeemaschine kaffebryggare, -n kaffe-bryggare
kalt kall kall
Kamin öppen spis öppen spi:s
Kaminholz ved, -en we:d
Kanister dunk, -en dünk
Kapelle kapell, -et ka'pell
kaputt sönder sönder
Karte karta, -n ka:rta
Käse ost, -en u:st
Kasse kassa, -n kassa
Katalog katalog, -en kata'lo:g
kaufen köpa chö:pa
Kaution depositionsavgift, -en deposi'schu:ns-a:w-jift
Kegelbahn bowlingbana, -n bowwling-ba:na
kegeln bowla bowwla
kein(e) ingen ingen; **kein** inget *n* inget
Keks kex, -et cheks
Kellner kypare, -n chy:pare; **~in** servitris, -en serwi'tri:s
kennenlernen lära känna lä:ra chänna
Kerze ljus, -et jü:s
Kette kedja, -n che:dja
Kilo kilo, -t chi:lo
Kilometer kilometer, -n chi:lo'me:ter
Kind barn, -et ba:rn
Kinderarzt barnläkare, -n ba:rn-lä:kare
Kinderbett barnsäng, -en ba:rn-säng
Kindersitz barnsits, -en ba:rn-sits
Kinderteller barnportion, -en ba:rn-port'schu:n
Kinderwagen barnvagn, -en ba:rn-wagn
Kino biograf, -en bio'gra:f
Kiosk kiosk, -en chosk
Kirche kyrka, -n chyrka
Kirschen körsbär, -en chörs-bä:r
klar klar kla:r
Klebeband tejp, -en tejp
Kleid klänning, -en klänning
klein liten li:ten
klettern klättra klättra
Klimaanlage luftkonditionering, -en lüft-kondischu'ne:ring
Kloster kloster, klostret klosster
Kneipe pub, -en pub
Knie knä, -t knä:
Knochen ben, -et be:n
Knopf knapp, -en knapp
kochen koka ku:ka
Koffer resväska, -n re:s-wäska
kommen aus komma ifrån komma ifro:n

Kondom kondom, -en kon'do:m
König kung, -en küng; **~in** drottning, -en drottning
können kunna künna
Kontrolleur kontrollör, -en kontro'llö:r
Kopf huvud, -et hü:wüd
Kopie kopia, -n ko'pi:a
Korkenzieher korkskruv, -en kork-skrü:w
Körper kropp, -en kropp
kosten kosta kosta
Krampf kramp, -en kramp
krank sjuk schü:k
Krankenhaus sjukhus, -et schü:k-hü:s
Krawatte slips, -en slips
Kreditkarte kreditkort, -et kre'di:t-kurt
Kreuzfahrt kryssning, -en kryssning
Kreuzung korsning, -en korschning
Krücke krycka, -n krycka
Küche kök, -et chö:k
Kuchen kaka, -n ka:ka
kühl kylig chy:li
Kühlschrank kylskåp, -et chy:l-sko:p
Kunst konst, -en konst
Künstler(in) konstnär, -en konst'nä:r
Kuppel kupol, -en kü'po:l
Kurve kurva, -n kürwa
kurz kort kort
küssen kyssa chyssa
Küste kust, -en küst

L

lachen skratta skratta
Lampe lampa, -n lampa
Land land, -et land
Landkarte karta, -n ka:rta
Landstraße landsväg, -en lands-wä:g
lang lång long
langsam långsam longsam
laufen springa springa
laut högt högt
Lawine lavin, -en la'wi:n
leben leva le:wa
Lebensmittelgeschäft livsmedelsaffär, -en liws-me:dels-a'ffä:r
Leder läder, lädret lä:der
leer tom tu:m
leicht lätt lätt
leider tyvärr ty'wärr
leise tyst tyst
lernen lära sig lä:ra sej
lesen läsa lä:sa
Licht ljus, -et jü:s
Lichtschutzfaktor solskyddsfaktor, -n su:l-schydds-faktor
lieben älska älska
Liegestuhl vilstol, -en wi:l-stu:l
Lift hiss, -en hiss

Limonade läsk, -en läsk
links vänster wänster; **nach ~** till vänster till wänster
Lippenstift läppstift, -et läpp-stift
Löffel sked, -en sche:d
Loipe skidspår, -et schi:d-spo:r
Luft luft, -en lüft
Luftmatratze luftmadrass, -en lüft-ma'drass
Lunge lunga, -n lünga

M

machen göra jö:ra
Mädchen flicka, -n flicka
Magen magsäck, -en ma:g-säck
mager mager ma:ger
Maler målare, -n mo:lare
Malerei måleri, -et mo:le'ri
manchmal ibland i'bland
Mann man, -nen mann
Mannschaft lag, -et la:g
Mantel *(Damen)* kappa, -n kappa; *(Herren)* rock, -en rock
Markt marknad, -en marknad
Markthalle saluhall, -en sa:lü:-hall
Marmelade marmelad, -en marme'la:d
Massage massage, -en mas'sa:sch
Matratze madrass, -en ma'drass
Mauer mur, -en mü:r
Maut vägtull, -en wä:g-tüll; **~stelle** betalstation be-ta:l-sta'schu:n
Medizin medicin, -en medi'si:n
Meer hav, -et ha:w
mehr mer me:r
Mehrwertsteuer moms, -en momms
meinen tycka tycka
Mensch människa, -n männischa
Messer kniv, -en kni:w
Meter meter, -n me:ter
Miete hyra, -n hy:ra
mieten hyra hy:ra
Migräne migrän, -en mi'grä:n
Milch mjölk, -en mjölk
Minute minut, -en mi'nü:t
Missverständnis missförstånd, -et miss-fö:r'schtond
mit med me:
mitnehmen ta med ta: me:
Mittagessen lunch, -en lunsch
Mittelalter medeltid, -en me:del-ti:d
modern modern mu'dern
möglich möjlig möijli
Monat månad, -en mo:nad
Mond måne, -n mo:ne
morgen i morgon i morron
Moskitonetz myggnät, -et mygg-nä:t
Moskitospirale myggspiral, -en mygg-spi'ra:l

Motorboot motorbåt, -en mu:tor-bo:t
Motorrad motorcykel, -n mu:tor-syckel
Mückenschutz myggskydd, -et mygg-schydd
müde trött trött
Mühle kvarn, -en kwa:rn
Mullbinde gasbinda, -an ga:s-binda
Mund mun, -munnen münn
Münze mynt, -et mynt
Muscheln musslor, -na müsslur
Musical musikal, -en müsi'ka:l
Musik musik, -en mü'si:k
Muskel muskel, -n müskel
Müsli müsli, -n my:sli
müssen måste moste
Mutter mor, modern mu:r
Mütze mössa, -n mössa

N

nach till till
Nachbar granne, -n granne
nachdenken fundera fün'de:ra
Nachricht nyhet, -en ny:-he:t
Nachsaison lågsäsong, -en lo:g-säsong
nächste(r, -s) nästa nästa
Nacht natt, -en natt
Nacken nacke, -n nacke
nackt naken na:ken
Nagel *(Fingernagel)* fingernagel, -n finger-na:gel
Nagellack nagellack, -et na:gel-lack
nahe bei nära till nära till
Name namn, -et namn
Nase näsa, -n nä:sa
nass blöt blö:t
Nationalität nationalitet, -en natschunali'te:t
Nationalpark nationalpark, -en natschu'nal-park
neben bredvid bre:'wi:d
nehmen ta ta:
nein nej nej
Nerv nerv, -en nerw
nett snäll snäll
neu ny ny:
Neujahr nyårsdag, -en ny:-o:rsch-da:gen
nicht inte inte
nichts inget inget
nie aldrig alldri
Niederschlag nederbörd, -en ne:der-börd
niemand ingen ingen
Niere njure, -n njü:re
noch ännu ännü:
Norden norr, norden norr, nu:rden
Notarzt jourläkare, -n schu:r-lä:kare
Notausgang nödutgång, -en nö:d-ü:t-gong
Nudeln pasta, -n pasta
nur bara ba:ra

O

oben uppe üppe
Obst frukt, -en frükt
oder eller eller
offen öppen öppen
oft ofta offta
ohne utan ü:tan
Ohr öra, -t ö:ra
Öl olja, -n olja
Oper opera, -n u:pera
Optiker optiker, -n optiker
Orange apelsin, -en apel'si:n
Orchester orkester, -n or'kester
Ordnung ordning, -en o:rdning
Orgel orgel, -n orjel
Original original, -et orgi'na:l
Ostern påsk, -en posk
Österreich Österrike öster-ri:ke
Österreicher österrikare, -n öster-ri:kare; **~in** österrikiska, -n öster-ri:kiska

P

Päckchen paket, -et pa'ke:t
Packung förpackning, -en för-packning
Palast palats, -et pa'lats
Panne motorfel, -et mu:tor-fe:l
Papier papper, pappret papper
Parfüm parfym, -en par'fy:m
Park park, -en park
parken parkera par'ke:ra
Parkplatz parkeringsplats, -en par'ke:rings-plats
Parkscheibe p-skiva, -n pe:-schi:wa
Parkverbot parkeringsförbud, -et par'ke:rings-för'bü:d
Partner(in) partner, -n partner
Pause paus, -en paus
Person person, -en per'schu:n
persönlich personlig per'schu:nli
Pfanne stekpanna, -n ste:k-panna
Pfeife pipa, -n pi:pa
Pfingsten pingst, -en pingst
Pfirsich persika, -n pe:rschika
Pflaster plåster, plåstret ploster
Pflaume plommon, -et plummon
Pilot pilot, -en pi'lu:t
Pinzette pincett, -en pin'sett
Plakat plakat, -et pla'ka:t
Platz plats, -en plats
Polizei polis, -en po'li:s
Polizist polis, -en po'li:s
Portal portal, -en por'ta:l
Porträt porträtt, -et por'trätt
Post post, -en post
Poster affisch, -en a'fisch
Preis pris, -et pri:s
probieren prova pru:wa
Prospekt broschyr, -en bro'schy:r
Proviant matsäck, -en ma:t-säck

prüfen pröva prö:wa
Puder puder, pudret pü:der
Pullover yttertröja, -n ytter-tröija
Pulver pulver, pulvret pülwer
pünktlich i tid i: ti:d
putzen städa stä:da
Putzmittel rengöringsmedel, -medlet re:n-jö:rings-me:del

Q

Qualität kvalitet, -en kwali'te:t
Quelle källa, -n chälla
Quittung kvitto, -t kwitto

R

Rabatt rabatt, -en ra'batt
Rad hjul, -et jü:l
Radio radio, -n ra:dio
Radweg cykelväg, -en syckel-wä:g
Rasierapparat rakapparat, -en ra:k-appa'ra:t
rasieren raka ra:ka
Rasierklinge rakblad, -et ra:k-bla:d
Raststätte rastplats, -en rastplats
Rat råd, -et ro:d
Rathaus rådhus, -et ro:d-hü:s
rauchen röka rö:ka
Raucher rökare, -n rö:kare
Rauschgift narkotika, -n nar'ko:tika
rechnen räkna rä:kna
Rechnung räkning, -en rä:kning
rechts höger hö:ger
Rechtsanwalt advokat, -en adwo'ka:t
rechtzeitig i god tid i: gu:d ti:d
reden tala ta:la
Regen regn, -et regn
Regenmantel regnkappa, -n regn-kappa
Regenschauer regnskur, -en regn-skü:r
regnen regna regna
Reifen däck, -et däck
Reinigung kemtvätt, -en che:m-twätt
Reis ris, -et ri:s
Reise resa, -n re:sa
Reisebüro resebyrå, -n re:se-by:ro
Reisepass pass, -et pass
Reisetasche resväska, -n re:s-wäska
Reiseveranstalter researrangör, -en re:se-arran'schö:r
Reißverschluss blixtlås, -et blikst-lo:s
reiten rida ri:da
Reklamation reklamation, -en re-klama'schu:n
reparieren reparera repa're:ra
reservieren boka bu:ka
reserviert reserverad reser'we:rad

Rest rest, -en rest
restauriert restaurerad restau're:rad
retten rädda rädda
Rettungsboot livbåt, -en li:w-bo:t
Rettungsring livboj, -en li:w-boj
Rezept recept, -et re'sept
richtig rätt rätt
Richtung håll, -et holl
riechen lukta lükta
Ring ring, -en ring
Risiko risk, -en risk
riskant riskabel ris'ka:bel
Riss spricka, -n spricka
Rock kjol, -en chu:l
rodeln åka bob o:ka bob
roh rå ro:
rollen rulla rülla
Rollstuhl rullstol, -en rüll-stu:l
Rollstuhlfahrer rullstolsbunden person rüll-stu:ls-bünden per'schu:n
Rolltreppe rulltrappa, -n rüll-trappa
Roman roman, -en ro'ma:n
Rotwein rödvin, -et rö:d-wi:n
Route färdväg, -en färd-wä:g
Rücken rygg, -en rygg
rückerstatten återbetala o:ter-be'ta:la
Rückflug returflyg, -et re'tü:r-fly:g
Rucksack ryggsäck, -en rygg-säck
Rücksitz baksäte, -t ba:k-sä:te
Rückweg återväg, -en o:ter-wä:g
Ruderboot roddbåt, -en rudd-bo:t
rufen ropa ru:pa
Ruhe lugn, -et lügn
ruhig lugn lügn
Ruine ruin, -en rü'i:n
Rundfahrt rundtur, -en ründ-tü:r
rutschen glida gli:da

S

Sache sak, -en sa:k
Sackgasse återvändsgata, -n o:ter-wänds-ga:ta
Safe kassaskåp, -et kassa-sko:p
Saft juice, -n ju:s
sagen säga säija
Sahne grädde, -n grädde
Saison säsong, -en sä'song
Salbe salva, -n salwa
Salz salt, -et salt
Sand sand, -en sand
Sandalen sandaler, -na san'da:ler
Sandstrand sandstrand, -en sand-strand
Sänger sångare, -n songare; **~in** sångerska, -n songerschka
satt mätt mätt

Sattel sadel, -n sa:del
sauber ren re:n
sauer sur sü:r
Säule pelare, -n pe:lare
Sauna bastu, -n bastü
Schachtel ask, -en ask
Schaden skada, -n ska:da
schädlich skadlig ska:dli
Schaffner konduktör, -en kondük'tö:r
Schal halsduk, -en hals-dü:k
Schale skål, -en sko:l
Schalter *(Tresen)* disk, -en disk; *(elektrisch)* knapp knapp
Schärenküste skärgård, -en schä:r-go:rd
scharf stark stark
Schatten skugga, -an skügga
Schaufenster skyltfönster, -fönstret schylt-fönster
Schauspieler skådespelare, -n sko:de-spe:lare; **~in** skådespelerska, -n sko:de-spe:lerschka
Scheibe ruta, -n rü:ta; *(Stück)* skiva, -n schi:wa
Scheibenwischer vindrutetorkare, -n wind-rü:te-torkare
Scheinwerfer strålkastare, -n stro:l-kastare
schenken skänka schänka
Scherbe skärva, -n schä:rwa
Schere sax, -en saks
Scherz skämt, -et schämmt
schicken skicka schicka
Schicksal öde, -t ö:de
schieben skjuta schü:ta
schief sned sne:d
Schiff skepp, -et schepp
Schild skylt, -en schylt
schimpfen skälla schälla
Schinken skinka, -n schinka
Schirm paraply, -n para'ply:
Schlafanzug pyjamas, -en py'ja:mas
schlafen sova so:wa
Schlafsack sovsäck, -en so:w-säck
Schlafwagen sovvagn, -en so:w-wagn
schlank smal sma:l
Schlauchboot gummibåt, -en gümmi-bo:t
schlecht dålig do:li
schließen stänga stänga
Schließfach förvaringsbox, -en för'wa:rings-boks
schlimm dålig do:li
Schloss slott, -et slott
Schlucht ravin, -en ra'wi:n
schlucken svälja swälja
Schluss slut, -et slü:t
Schlüssel nyckel, -n nyckel
Schlussverkauf utförsäljning, -en ü:t-för'säljning
schmal smal sma:l
schmecken smaka sma:ka

Schmerzmittel smärtstillande medicin smärt-stillande medi'si:n
Schminke smink, -et smink
Schmuck smycke, -t smycke
schmutzig smutsig smütsi
Schnaps brännvin, -et bränn-wi:n
schnarchen snarka sna:rka
Schnee snö, -n snö:
Schneeketten snökedjor, -na snö:-che:djur
schneiden skära schä:ra
schneien snöa snö:a
schnell snabb snabb
Schnuller napp, -en napp
Schnupfen snuva, -an snü:wa
Schnur snöre, -t snö:re
Schokolade choklad, -en scho'kla:d
schon redan re:dan
schön vacker wacker
Schonkost dietkost, -en di'e:t-kost
Schrank skåp, -et sko:p
Schraube skruv, -en skrü:w
Schreck skräck, -en skräck
schrecklich hemsk hemmsk
schreiben skriva skri:wa
schreien skrika skri:ka
Schuhcreme skokräm, -en sku:-kräm
Schuhe skor, -na sku:r
Schule skola, -n sku:la
Schüler elev, -en e'le:w
Schulferien skollov, -et sku:l-lo:w
Schulter axel, -n aksel
Schüssel skål, -en sko:l
Schutz skydd, -et schydd
schwach svag swa:g
schwanger gravid gra'wi:d
Schwarzbrot mörkt bröd mörkt brö:d
Schwede svensk, -en swensk; **Schwedin** svenska, -n swenska
Schweden Sverige swerje
schwedisch svensk swensk
Schwedische Krone svensk krona svensk kru:na
Schweiz Schweiz schwejts
Schweizer schweizare, -n schwejtsare; **~in** schweiziska, -n schwejt'siska
Schweizer Franken schweiziska franc, -en schwejt'siska frang
Schwellung svullnad, -en swüllnad
schwer tung tüng
Schwester syster, -n syster
schwierig svår swo:r
schwimmen simma simma
Schwimmflügel simkuddar, -na *pl* simm-küddar
Schwindel yrsel, -n yrsel
schwitzen svettas swettas
schwül kvav kwa:w

See sjö, -n schö:
seekrank sjösjuk schö:-schü:k
Segelboot segelbåt, -en se:gel-bo:t
segeln segla se:gla
sehen se se:
Sehenswürdigkeit sevärdhet, -en se:-wärd-he:t
Sehne sena, -n se:na
sehr mycket mycke
seicht grund gründ
Seide siden, -et si:den
Seife tvål, -en two:l
Seil lina, -n li:na
Seilbahn linbana, -n li:n-ba:na
sein vara wa:ra
Seite sida, -n si:da
Sekunde sekund, -en se'künd
Selbstbedienung självbetjäning, -en schälw-be'schä:ning
selbstverständlich självklar schälw-kla:r
senden skicka schicka
Senf senap, -en se:napp
Service service, -n sö:r-wis
servieren servera ser'we:ra
Serviette servett, -en ser'wett
Sessel fåtölj, -en fo'tölj
Sessellift sittlift, -en sitt-lift
Shampoo schampo, -t schampo
sicher säker sä:ker
Sicherheit säkerhet, -en sä:ker-he:t
Sicherung säkring, -en sä:kring
Sicht sikt, -en sickt
Sieg seger, -n se:ger
Silber silver, silvret silwer
Silvester nyårsafton, -en ny:-o:rsch'afton
singen sjunga schünga
Single ensamstående ensamm-sto:ende
Sirup saft, -en saft
Sitte sed, -en se:d
Sitz sits, -et sits
sitzen sitta sitta
SMS sms, -et es-em-es
Socken sockor, -na *pl* sockur
Sodbrennen halsbränna, -n hals-bränna
sofort genast je:nast
sogar även ä:wen
Sohn son, -en so:n
Solarium solarium, solariet so'la:riüm
sollen skola sku:la
Sommer sommar, -en sommar
Sonderangebot specialerbjudande, -t spesia:l-er'bjüdande
Sonne sol, -en su:l
Sonnenaufgang soluppgång, -en su:l-üpp-gong
Sonnenbrand solbränna, -n su:l-bränna
Sonnenbrille solglasögon, -en *pl* su:l-gla:s-ö:gon

Sonnencreme solkräm, -en su:l-kräm
Sonnenuntergang solnedgång, -en su:l-ne:d-gong
sonnig solig su:li
Sorte sort, -en sort
Spargel sparris, -en sparris
Spaß skoj, -et skoj
spät sent se:nt
später senare se:nare
Spaziergang promenad, -en pro:me'na:d
speichern spara spa:ra
Speisekarte matsedel, -n ma:t-se:del
Spezialität specialitet, -en spesiali'te:t
Spiegel spegel, -n spe:gel
Spiel spel, -et spe:l
spielen spela spe:la
Spielfilm spelfilm, -en spe:l-film
Spielkarten (spel)kort, -en (spe:l)kurt
Spielkasino kasino, -t ka'si:no
Spielplatz lekplats, -en le:k-plats
Spielzeug leksak, -en le:k-sa:k
Spinat spenat, -en spe'na:t
Spinne spindel, -n spindel
Sport idrott, -en i:drott
Sprache språk, -et spro:k
Sprachkurs språkkurs, -en spro:k-kürsch
sprechen prata pra:ta
Spritze spruta, -n sprü:ta
Spucktüte spypåse, -en spy:-po:se
spülen diska diska
spüren känna chänna
Stadion stadion sta:dion
Stadt stad, -en sta:d
Stadtmauer stadsmur, -en stads-mü:r
Stadtrundfahrt stadsrundtur, -en stads-ründ-tü:r
Stadtteil stadsdel, -en stads-de:l
stark stark stark
starten starta sta:rta
Starthilfekabel startkabel, -n start-ka:bel
Station station, -en sta'schu:n
stattfinden äga rum ä:ga rümm
Statue staty, -n sta'ty:
Stau bilkö, -n bi:l-kö:
Staub damm, -et damm
Staubsauger dammsugare, -n damm-sü:gare
Stausee uppdämd sjö üppdämmd schö:
Steckdose eluttag, -et e:l-ü:t-ta:g
Stecker kontakt, -en kon'takt
stehen stå sto:
steigen stiga sti:ga
stellen ställa ställa

Stern stjärna, -n schä:rna
Stich sting, -et sting
Stiefel stövel, -n stöwel
Stift penna, -n penna
still tyst tyst
Stimme röst, -en röst
Stimmung stämning, -en stämmning
Stirn panna, -n panna
Stockwerk våning, -en wo:ning
stören störa stö:ra
stornieren boka av bu:ka a:w
Störung störning, -en störning
Strafe straff, -et straff
Strafzettel böteslapp, -en bö:tes-lapp
Strand strand, -en strand
Strandbad strandbad, -et strand-ba:d
Straße gata, -n ga:ta
Straßenbahn spårvagn, -en spo:r-wagn
Straßenkarte vägkarta, -n wä:g-ka:rta
Streichhölzer tändstickor, -na tänd-stickur
Strom ström, strömmen strömm
Strumpfhose strumpbyxor, -na *pl* strümp-byksur
Stück bit, -en bi:t
Student(in) student, -en stü'dent
studieren studera stü'de:ra
Stufe trappsteg, -et trapp-ste:g
stufenlos utan trappsteg ü:tan trapp-ste:g
Stuhl stol, -en stu:l
Stunde timme, -n timme
Sturm storm, -en sto:rm
stürmisch stormig sto:rmi
Sturmwarnung stormvarning, -en storm-wa:rning
Sturz fall, -et fall
stürzen falla falla
suchen leta efter le:ta efter
Süden söder, -n sö:der
Supermarkt stormarknad, -en stu:r-marknad
Suppe soppa, -n soppa
Surfbrett surfbräda, -n sürf-brä:da
surfen *(Sport)* surfa sürfa; *(Internet)* surfa på internet sürfa po: internet
süß söt sö:t
Süßigkeiten godis, -et gu:dis
Swimmingpool swimmingpool, -en swimming-pu:l
synchronisiert dubbad dübbad

T

Tabak tobak, -en tu:bak
Tabletten (gegen ...) tabletter (mot ...) tabletter (mu:t ...)
Tag dag da:g
täglich dagligen da:gligen
Tal dal, -en da:l

Tampons tamponger, -na tam'ponger
tanken tanka tanka
Tankstelle bensinmack, -en ben'si:n-mack
tanzen dansa dansa
Tänzer(in) dansare, -n dansare
Tasche väska, -n wäska
Taschendieb ficktjuv, -en fick-schü:w
Taschenlampe ficklampa, -n fick-lampa
Taschenmesser fickkniv, -en fick-kni:w
Taschentuch näsduk, -en nä:s-dü:k
Tasse kopp, -en kopp
taub döv dö:w
tauchen dyka dy:ka
Taucheranzug dykardräkt, -en dy:kar-dräckt
tauen töa tö:a
tauschen byta by:ta
Taxistand taxistation, -en taksi-sta'schu:n
Tee te, -et te:
Teelöffel tesked, -en te:-sche:d
Teil del, -en de:l
Telefon telefon, -en tele'fo:n
telefonieren telefonera telefo'ne:ra
Telefonnummer telefonnummer, -numret tele'fo:n-nümmer
Teller tallrik, -en tall'rik
Temperatur temperatur, -en tempera'tü:r
Tennis tennis, -en tennis
Termin tid, -en ti:d
Terrasse terrass, -en ter'rass
teuer dyr dy:r
Theater teater, -n te'a:ter
Theaterstück teaterpjäs, -en te'a:ter-pjä:s
Theke kassa, -n kassa
Thermosflasche termos, -en termos
Ticket biljett, -en bill'jett
Tiefgarage garage, -t ga'ra:sch
Tier djur, -et jü:r
Tierarzt veterinär, -en weteri'nä:r
Tisch bord, -et bu:rd
Tischdecke duk, -en dü:k
Tochter dotter, -n dotter
Toilette toalett, -en toa'lett
Toilettenpapier toalettpapper, -pappret toa'lett-papper
toll toppen toppen
Topf gryta, -n gry:ta
Töpferei krukmakeri, -et krü:k-make'ri
Töpferware keramik, -en chera'mi:k
Tor port, -en pu:rt
Torte tårta, -n to:rta
tot död dö:d
Tourist turist, -en tü'rist

Touristeninformation turistinformation, -en tü'rist-informa'schu:n
tragen bära bä:ra
trampen lifta liffta
Treppe trappa, -n trappa
trinken dricka dricka
Trinkgeld dricks, -en dricks
Trinkwasser dricksvatten, -vattnet dricks-watten
trocken torr tor
trocknen torka torka
Tropfen droppe, -n droppe
T-Shirt t-shirt, -en ti:-schört
tun göra jö:ra
Tür dörr, -en dörr
Turm torn, -et tu:rn
Tüte påse, -n po:se

U

U-Bahn tunnelbana, -n tünnel-ba:na
U-Bahn-Station tunnelbanestation, -en tünnel-ba:ne-sta'schu:n
übel illa illa
Übelkeit illamående, -t illa-mo:ende
über över ö:wer
überall överallt ö:wer'allt
Überfahrt överfart, -en ö:wer-fa:rt
Übergepäck övervikt, -en ö:wer-wickt
übermorgen i övermorgon i: ö:wer-morron
Übernachtung övernattning, -en ö:wer-nattning
Überraschung överraskning, -en ö:wer-raskning
überreden övertala ö:wer-ta:la
Überweisung överföring, -en ö:wer'fö:ring
übrig övrig ö:wrig
Ufer kust, -en küst
Uhr klocka, -n klocka
um klockan klockan
umbuchen boka om bu:ka omm
Umgebung omgivning, -en om-ji:wning
umkehren vända wända
Umkleidekabine omklädningsrum, -met omm-klä:dnings-rümm
umsteigen *(Zug)* byta tåg by:ta to:g; *(Bus)* byta buss by:ta büss
umtauschen byta by:ta
Umweg omväg, -en omm-wä:g
und och o:
unentschieden oavgjort u:-a:w-jurt
Unfall olycka, -n u:lycka
ungefähr ungefär ünje'fä:r
Unglück olycka, -n u:lycka
ungültig ogiltig u:jilti
unhöflich oartig u:arti

unten nere ne:re
unter under ünder
unterbrechen avbryta a:w-bry:ta
Unterhemd undertröja, -n ünder-tröija
Unterkunft bostad, -en bu:sta:d
Unterschied skillnad, -en schillnad
Unterschrift underskrift, -en ünder-skrift
Untersuchung undersökning, -en ünder-schö:kning
Unterwäsche underkläder, -na *pl* ünder-klä:der
Unwetter oväder, ovädret u:wä:der
Urlaub semester, -n se'mester
Ursache orsak, -en u:r-scha:k
USB-Stick USB-stick, -et ü:ess'be:-stick

V

Vater far, -fadern fa:r
vegetarisch vegetarisk wege'ta:risk
Ventil ventil, -en wen'ti:l
Veranstaltung evenemang, -et ewene'mang
verantwortlich ansvarig ann-swa:ri
Verbandszeug förbandsartiklar, -na *pl* för'bands-ar'tiklar
verboten förbjuden för'bjü:den
verdorben fördärvad för'dä:rwad
verdünnen späda ut spä:da ü:t
vereinbaren avtala a:w-ta:la
vergessen glömma glömma
vergleichen jämföra jämm-fö:ra
Vergnügen nöje, -t nöije
verhaften anhålla ann-holla
verheiratet gift jift
Verkäufer(in) försäljare, -n för'säljare
Verlängerung förlängning, -en för'längning
Verlängerungskabel förlängningssladd, -en för'längnings-sladd
Verletzung skada, -n ska:da
verlieren förlora för'lu:ra
Verlobte fästmö, -n fäst-mö:; **~r** fästman, -mannen fäst-mann
vermieten hyra ut hy:ra ü:t
vermissen sakna sa:kna
verpassen missa missa
Verpflegung mat, -en ma:t
verschieden olika u:lika
verschlafen försova sig för'so:wa sej
Versehen misstag, -et miss-ta:g
Versicherung försäkring, -en för'schä:kring

Verspätung försening, -en för'sche:ning
versprechen lova lo:wa
verstehen förstå för'schto:
Verstopfung förstoppning, -en för'stoppning
Versuch försök, -et för'schö:k
Vertrag kontrakt, -en kon'trackt
verwechseln blanda ihop blanda i'hu:p
verwenden använda ann-wända
Verzeihung! Förlåt! för'lo:t!
viel mycket mycke; **zu ~** för mycket fö:r mycke
vielleicht kanske kansche
Visitenkarte visitkort, -et wi'si:t-kurt
voll full füll
Vollkornbrot fullkornsbröd, -et füll-ku:rns-brö:d
Vollpension helpension, -en he:l-pan'schu:n
von från fro:n
vor *(örtlich)* framför framm-fö:r; *(zeitlich)* för ... sedan fö:r ... se:dan
vorgestern i förrgår i: förr-go:r
Vorname förnamn, -et för-namn
vorne framme framme
Vorort förort, -en för-u:rt
vorrechnen räkna rä:kna
Vorsaison försäsong, -en för-säsong
Vorschlag förslag, -et för'schla:g
Vorschrift bestämmelse, -n be'stämmelse
Vorsicht! obs! obs!
Vorspeise förrätt, -en för-rätt
vorstellen presentera presen'te:ra
Vorverkauf förköp, -et för-schö:p
Vulkan vulkan, -en wül'ka:n

W

Wagenheber domkraft, -en du:m-kraft
Waggon vagn, -en wagn
wahr sann sann
Währung valuta, -n wa'lü:ta
Wald skog, -en sku:g
Wanderkarte vandringskarta, -n wandrings-ka:rta
wandern vandra wandra
Wanderweg vandringsled, -en wandrings-le:d
Wandmalerei väggmålning, -en wägg-mo:lning
wann när nä:r
Wappen vapen, vapnet wa:pen
warm varm warm
Warndreieck varningstriangel, -n wa:rnings-tri'angel
Warnung varning, -en wa:rning

warten vänta wänta
warum varför war-för
was vad wa:d
Waschbecken handfat, -et hand-fa:t
Wäscheklammern klädnypor, -na klä:d-ny:pur
waschen tvätta twätta
Wäschetrockner torktumlare, -n tork-tümmlare
Waschmaschine tvättmaskin, -en twätt-ma'schi:n
Waschmittel tvättmedel, -medlet twätt-me:del
Waschraum tvättrum, -met twätt-rümm
Wasser vatten, vattnet watten
Wasserfall vattenfall, -et watten-fall
Wasserhahn vattenkran, -en watten-kra:n
Watte bomull, -en bum'üll
WC toalett, -en toa'lett
wechseln byta by:ta
Wechselstube växelkontor, -et wäksel-kon'tu:r
Wecker väckarklocka, -n wäckar-klocka
Weg väg, -en wä:g
wegen på grund av po: gründ a:w
wegfahren åka bort o:ka bort
wehtun göra ont jö:ra u:nt
weiblich kvinnlig kwinnli
weich mjuk mjü:k
Weihnachten jul, -en jü:l
Wein vin, -et wi:n
Weintraube vindruva, -n wi:n-drü:wa
Weißwein vittvin, -et witt-wi:n
weit långt longt; **ziemlich ~** ganska långt ganska longt
weiterleiten vidarebefordra wi:dare-be'fu:rdra
Welle våg, -en wo:g
Welt värld, -en wä:rd
wenig lite li:te; **zu ~** för lite fö:r li:te
wer vem wemm
Werkstatt verkstad, -en werk-sta:d
Werkzeug verktyg, -en *pl* werk-ty:g
Weste väst, -en wäst
Westen väster wäster
Wetter väder, vädret wä:der
wichtig viktig wickti
wie viel hur mycket hü:r mycket
wie weit hur långt hü:r longt
wiederholen upprepa üpp-re:pa
wiedersehen ses igen se:s i'jenn
wiegen väga wä:ga
Wiese äng, -en äng
Wikinger viking, -en wi:king
Wikingerschiff vikingaskepp, -et wi:kinga-schepp

Wind vind, -en wind
Winter vinter, -n winter
wissen veta we:ta
wo var wa:r
Woche vecka, -n wecka
Wochenende helg, -en helj
wohnen bo bu:
Wohnmobil husbil, -en hü:s-bi:l
Wohnwagen husvagn, -en hü:s-wagn
Wolke moln, -et muln
Wolle ull, -en üll
wollen vilja wilja
woraus ur vad ü:r wa:d
Wörterbuch ordbok, -en u:rd-bu:k
Wunde sår, -et so:r
Wunsch önskan önnskan
Würstchen korv, -en korw
Wurzel rot, -en ru:t

Z

Zahl tal, -et ta:l
zählen räkna rä:kna
Zahn tand, -en tand
Zahnarzt tandläkare, -n tand-lä:kare
Zahnbürste tandborste, -n tand-borschte
Zahnpasta tandkräm, -en tand-krä:m
Zange tång, -en tong
Zehe tå, -n to:
Zeichnung teckning, -en teckning
zeigen visa wi:sa
Zeit tid, -en ti:d
Zeitung tidning, -en ti:dning
Zelt tält, -et tält
zelten tälta tälta
zerbrechlich ömtålig ömm-to:lig
Zertifikat certifikat, -et sertifi'ka:t
Zeuge vittne, -t wittne
Zigarette cigarett, -en siga'rett
Zigarren cigarrer, -na si'garrer
Zimmer rum, -met rümm
Zirkus cirkus, -en sirküs
Zitrone citron, -en si'tru:n
Zoo zoo su:
Zucker socker, sockret socker
zufrieden nöjd nöjd
Zug tåg, -et to:g
Zunge tunga, -n tünga
zurück tillbaka till'ba:ka
zurückgeben lämna tillbaka lämna till'ba:ka
zusammen tillsammans till'sammans
zusätzlich ytterligare ytter-ligare
zuständig ansvarig ann-swa:ri
zuverlässig pålitlig po:-li:tli
zweifeln tvivla twi:wla
Zwiebel lök, -en lö:k
zwischen mellan mellan

Schwedisch – Deutsch

Im Schwedischen stehen die Buchstaben Å, Ä und Ö am Ende des Alphabets.

A

adress a'dress **Adresse**
advokat adwo'ka:t **Rechtsanwalt**
affisch a'fisch **Poster**
affär a'ffä:r **Geschäft**
akutläkare aküt-lä:kare **Notarzt**
aldrig alldrig **nie**
alla *pl* alla **alle**
allergi aller'gi: **Allergie**
allmänläkare allmän-lä:kare **Praktischer Arzt**
allt *n* allt **alles**
alltid all-ti:d **immer**
aluminiumfolie alü'mi:nium-fu:lje **Alufolie**
andra *pl* andra **andere**
anhålla ann-holla **verhaften**
ankomma ann-komma **ankommen**
ankomst ann-kommst **Ankunft**
anmälan ann-mä:lan **Anmeldung**
annan annan **andere(r)**
annat *n* annat **anderes**
annorlunda annor-lünda **anders**
ansikte ansikte **Gesicht**
anslutning ann-slü:tning **Anschluss**
anslutningsflyg ann-slü:tnings-fly:g **Anschlussflug**
anslutningskabel annslü:tnings-ka:bel **Verbindungskabel**
ansvarig ann-swa:ri **verantwortlich; zuständig**
antikvitet antikwi'te:t **Antiquität**
använda ann-wända **verwenden**
användarnamn användar-namn **Benutzername**
apelsin apel'si:n **Orange**
apelsinjuice apel'si:n-ju:s **Orangensaft**
apotek apo'te:k **Apotheke**
aprikos apri'ko:s **Aprikose**
april a'pri:l **April**
arkad ar'ka:d **Arkaden**
arm arm **Arm**
armband arm-band **Armband**
ask ask **Schachtel**

askkopp ask-kopp **Aschenbecher**
aubergine o:ber'schi:n **Aubergine**
augusti au'güsti **August**
avbryta a:w-bry:ta **abbrechen; unterbrechen**
avgaser a:w-ga:ser **Abgase**
avgasrör a:w-ga:s-rör **Auspuff**
avgift a:w-jift **Gebühr**
avgång a:w-gong **Abfahrt; Abflug**
avresa a:w-re:sa **abreisen**
avsluta a:w-slü:ta **beenden**
avtala a:w-ta:la **vereinbaren**
axel aksel **Schulter**

B

baby bejbi **Baby**
babypuder bejbi-pü:der **Babypuder**
bada ba:da **baden**
badbyxor *pl* ba:d-byksur **Badehose**
baddräkt ba:d-dräkt **Badeanzug**
bad ba:d **Bad**
badkar ba:d-ka:r **Badewanne**
badrock ba:d-rock **Bademantel**
badrum ba:d-rümm **Badezimmer**
bagage ba'ga:sch **Gepäck**
bageri bage'ri: **Bäckerei**
bak ba:k **hinten**
baklänges ba:k-länges **rückwärts**
bakom ba:kom **hinter**
baksäte ba:k-sä:te **Rücksitz**
bakverk ba:k-werk **Gebäck**
balett ba'lett **Ballett**
banan ba'na:n **Banane**
bank bank **Bank** *(Geldinstitut)*
bankomat banko'ma:t **Geldautomat**
bar ba:r **Bar**
bara ba:ra **nur**
barn ba:rn **Kind**
barnläkare ba:rn-lä:kare **Kinderarzt**
barnportion ba:rn-port'schu:n **Kinderteller**
barnsits ba:rn-sits **Kindersitz**
barnsäng ba:rn-säng **Kinderbett**
barnvagn ba:rn-wagn **Kinderwagen**
basilika ba'si:lika **Basilikum**
basketboll ba:sket-boll **Basketball**
bastu bastü **Sauna**
batteri batte'ri: **Batterie**
behöva be-'hö:wa **brauchen**
beige be:sch **beige**
bekväm be-'kwä:m **bequem**
belopp be-'lopp **Betrag**
ben be:n **Bein; Gräte; Knochen**
bensinmack ben'si:n-mack **Tankstelle**

berg berj **Berg**
bergskedja berjs-che:dja **Gebirge**
berömd be-'römmd **berühmt**
bestick be-'stick **Besteck**
beställa be-'ställa **bestellen**
bestämma be'stämma **ausmachen** *(vereinbaren)*
bestämma sig be'stämma sej **sich entscheiden**
bestämma träff be'stämma träff **sich verabreden**
bestämmelse be-'stämmelse **Vorschrift**
besöka be-'sö:ka **besuchen**
betala be-'ta:la **bezahlen**
betala tillsammans be-'ta:la till'sammans **zusammen bezahlen**
betala var för sig be'ta:la war fö:r sej **getrennt bezahlen**
betalkort be-'ta:l-kurt **Scheckkarte**
betalstation be-ta:l-sta'schu:n **Mautstelle**
betjäning be'schä:ning **Bedienung** *(Service)*
bett bett **Biss**
betyda be'ty:da **bedeuten**
bibliotek biblio'te:k **Bibliothek**
bikini bi'ki:ni **Bikini**
bil bi:l **Auto**
bild bild **Bild**
bilfärja bi:l-färja **Autofähre**
biljett bill'jett **Fahrkarte; Ticket**
biljettpris bill'jett-pri:s **Fahrpreis**
bilkö bi:l-kö: **Stau**
billig billi **billig; günstig**
billigare billigare **billiger**
bilpapper bi:l-papper **Fahrzeugpapiere**
biluthyrning bi:l-üt:-'hyrning **Autovermietung**
biograf bio'gra:f **Kino**
bit bi:t **Stück**
bjuda bjü:da **einladen**
blanda ihop blanda i'hu:p **verwechseln**
blind blind **blind**
blixt blikst **Blitz**
blixtlås blikst-lo:s **Reißverschluss**
blod blu:d **Blut**
blomma blumma **Blume**
blomsteraffär blomster-a'ffä:r **Blumengeschäft**
blus blü:s **Bluse**
blyertspenna bly:erts-penna **Bleistift**
blå blo: **blau**
blödning blö:dning **Blutung**
blöt blö:t **nass**
bo bu: **wohnen**
boardingcard bo:rding-ka:rd **Bordkarte**
bobbana bob-ba:na **Rodelbahn**
bok bu:k **Buch**

boka bu:ka **buchen; reservieren**
boka av bu:ka a:w **stornieren**
boka om bu:ka omm **umbuchen**
bokhandel bu:k-handel **Buchhandlung**
boll boll **Ball**
bomull bum'üll **Baumwolle; Watte**
bord bu:rd **Tisch**
bordtennis bu:rd-tennis **Tischtennis**
borg borj **Burg**
borste borschte **Bürste**
bostad bu:sta:d **Unterkunft** *(Wohnung)*
botaniska trädgården bo'ta:niska träd-go:rden **Botanischer Garten**
bottenvåning botten-wo:ning **Erdgeschoss**
bowla bowwla **kegeln**
bowlingbana bowwling-ba:na **Kegelbahn**
bra bra: **gut** *(Qualität)*
brandsläckare brand-släckare **Feuerlöscher**
bredvid bre:'wi:d **neben**
brev bre:w **Brief**
brevpapper, -pappret bre:w-papper **Briefpapier**
bro bru: **Brücke**
broms broms **Bremse**
bror bru:r **Bruder**
broschyr bro'schy:r **Prospekt**
brun brü:n **braun**
brunn brünn **Brunnen**
bruten brü:ten **gebrochen**
brådskande bross-kande **dringend**
brännvin bränn-wi:n **Schnaps**
bröd brö:d **Brot**
bröst bröst **Brust**
bubbelpool bübbel-pu:l **Whirlpool**
burk bürk **Dose**
burköppnare bürk-öppnare **Dosenöffner**
buss büss **Bus**
busshållplats büss-holl-plats **Bushaltestelle**
busstation büss-sta'schu:n **Busbahnhof**
by by: **Dorf**
byggnad byggnad **Gebäude**
byta by:ta **tauschen; umtauschen; wechseln**
byta buss by:ta büss **umsteigen** *(Bus)*
byta tåg by:ta to:g **umsteigen** *(Zug)*
byta ut by:ta ü:t **auswechseln**
byxor *pl* byksur **Hose**
båda bo:da **beide**
båtuthyrning bo:t-ü:t-hy:rning **Bootsverleih**
bägare bä:gare **Becher**

bälte bällte **Gürtel**
bänk bänk **Bank** *(Sitzplatz)*
bära bä:ra **tragen**
bärgningsbil bärjnings-bi:l **Abschleppwagen**
börja börja **beginnen**
böteslapp bö:tes-lapp **Strafzettel**

C

camping kamping **Camping**
campingplats kamping-plats **Campingplatz**
CD se:de: **CD**
centrum sentrüm **Stadtzentrum; Zentrum**
certifikat sertifi'ka:t **Zertifikat**
chaufför scho'ffö:r **Fahrer**
chipkort chip-kurt **Speicherkarte** *(Chip)*
chock schock **Schock**
choklad scho'kla:d **Schokolade**
cigaretter siga'retter **Zigaretten**
cigarrer si'garrer **Zigarren**
circulationsrubbningar sirküla'schu:ns-rübbningar **Kreislaufstörungen**
cirkus sirküs **Zirkus**
citron si'tru:n **Zitrone**
cocktail kock-tejl **Cocktail**
cykel syckel **Fahrrad**
cykelkorg syckel-korj **Fahrradkorb**
cykelväg syckel-wä:g **Radweg**

D

dag da:g **Tag**
dagens rätt da:gens rätt **Tagesgericht**
dagligen da:gligen **täglich**
dal da:l **Tal**
damm damm **Staub**
dammsugare damm-sü:gare **Staubsauger**
dansa dansa **tanzen**
dansare dansare **Tänzer**
danskväll dans-kwäll **Tanzabend**
datum da:tüm **Datum**
december de'sember **Dezember**
deckare deckare **Krimi**
del de:l **Teil**
delikatessaffär delika'tess-a'ffä:r **Feinkostgeschäft**
denna denna **diese(r)**
deodorant deodo'rant **Deo**
depositionsavgift deposi'schu:ns-a:w-jift **Kaution**
detta *n* detta **dieses**
desinfektionsmedel desinfek'schu:ns-me:del **Desinfektionsmittel**
det de: **es**
detsamma de:'samma **dasselbe**
diabetes dia'be:tes **Diabetes**
diaré dia're: **Durchfall**

diet di'e:t **Diät**
dietkost di'e:t-kost **Schonkost**
digitalkamera digi'ta:l-ka:mera **Digitalkamera**
dimma dimma **Nebel**
direkt di'rekt **direkt**
disig di:si **diesig**
disk disk **Schalter** *(Fahrkarten, Bank usw.)*
diska diska **spülen**
diskmedel disk-me:del **Spülmittel**
disktrasa disk-tra:sa **Spültuch**
djur jü:r **Tier**
domare du:mare **Richter; Schiedsrichter**
domkraft du:m-kraft **Wagenheber**
domkyrka du:m-chyrka **Dom**
doppvärmare dopp-wä:rmare **Tauchsieder**
dotter dotter **Tochter**
dra dra: **ziehen**
dressing dressing **Salatsoße**
dricka dricka **trinken**
dricks dricks **Trinkgeld**
dricksvatten dricks-watten **Trinkwasser**
droppe droppe **Tropfen**
droppstensgrotta dropp-ste:ns-grotta **Tropfsteinhöhle**
drottning drottning **Königin**
dryck dryck **Getränk**
dröja dröija **dauern**
du dü: **du**
dubbad dübbad **synchronisiert**
dubbelsäng dübbel-säng **Doppelbett**
duk dü:k **Tischdecke**
dum dümm **dumm**
dunk dünk **Kanister**
dusch düsch **Dusche**
duscha düscha **duschen**
duschkräm düsch-krä:m **Duschgel**
dyka dy:ka **tauchen**
dykardräkt dy:kar-dräckt **Taucheranzug**
dykglasögon *pl* dy:k-gla:s-ö:gon **Taucherbrille**
dyr dy:r **teuer**
dålig do:li **schlecht; schlimm**
däck däck **Deck; Reifen**
där dä:r **dort**
därefter dä:r-efter **danach**
död dö:d **tot**
dörr dörr **Tür**
döv dö:w **taub**

E

ebb ebb **Ebbe**
eftermiddag efter-midda:g **Nachmittag**
efterrätt efter-rätt **Nachtisch**
eftersända efter-sända **nachsenden**

ej simkunnig ej simm-künnig **Nichtschwimmer**
eld eld **Feuer**
elegant ele'gant **elegant**
elektronkort elek'tro:n-kurt **EC-Karte**
elev e'le:w **Schüler**
elevutbyte ele:w-ü:t-'by:te **Schüleraustausch**
eller eller **oder**
eluttag e:l-ü:t-ta:g **Steckdose**
enfärgad e:n-färjad **einfarbig**
en gång e:n gong **einmal**
enkel enkel **einfach**
enkelsäng enkel-säng **Einzelbett**
ensam e:nsam **allein**
ensamstående ensamm-sto:ende **Single**
enskild e:n-schild **einzeln**
evenemang ewene'mang **Veranstaltung**
exempel ek'sempel **Beispiel**
extravecka ekstra-wecka **Verlängerungswoche** *(Urlaub)*

F

fall fall **Sturz; Fall**
falla falla **stürzen**
fallskärmshoppning fall-schärms-hoppning **Fallschirmspringen**
familj fa'milj **Familie**
far fa:r **Vater**
farlig fa:rli **gefährlich**
fastighetsförvaltning fastihe:ts-för'waltning **Hausverwaltung**
fattas fattas **fehlen**
fattig fatti **arm**
feber fe:ber **Fieber**
febertermometer fe:ber-termo'me:ter **Fieberthermometer**
februari febru'a:ri **Februar**
fel fe:l **falsch; verkehrt**
fel fe:l **Fehler**
festspel fest-spe:l **Festspiele**
fet fe:t **fett**
fickkniv fick-kni:w **Taschenmesser**
ficklampa fick-lampa **Taschenlampe**
ficktjuv fick-schü:w **Taschendieb**
filma filma **filmen**
filter filter **Filter**
finger finger **Finger**
fingernagel finger-na:gel **Fingernagel**
fisk fisk **Fisch**
fiska fiska **fischen**
fjällräddning fjäll-räddning **Bergwacht**
fjärdedel fjärde-de:l **Viertel**
flaska flaska **Flasche**

flasköppnare flask-öppnare **Flaschenöffner**
flicka flicka **Mädchen**
flickvän flick-wänn **Freundin** *(Partnerin)*
flod flu:d **Fluss; Flut**
flyga fly:ga **fliegen**
flygbuss fly:g-büss **Flughafenbus**
flygplan fly:g-pla:n **Flugzeug**
flygplats fly:g-plats **Flughafen**
flygplatsskatt fly:g-plats-skatt **Flughafengebühr**
flygvärd fly:g-wärd **Flugbegleiter**
flygvärdinna fly:g-wär'dinna **Flugbegleiterin**
flytväst fly:t-wäst **Schwimmweste**
fläkt fläckt **Ventilator**
fläskkött fläsk-chött **Schweinefleisch**
fot fu:t **Fuß**
fotboll fu:t-boll **Fußball**
fotbollsmatch fu:t-bolls-matsch **Fußballspiel**
foto futo **Foto**
fotoaffär futo-a'ffä:r **Fotogeschäft**
fotografera futo-gra'fe:ra **fotografieren**
fralla fralla **Brötchen**
framför framm-fö:r **vor** *(örtlich)*
framme framme **vorne**
fredag fre:-da:g **Freitag**
fri fri: **frei** *(ungebunden)*
friluftsmuseum fri:lüfts-mü'se:üm **Freilichtmuseum**
frimärke fri:-märke **Briefmarke**
frisk frisk **gesund**
frisyr fri'sy:r **Frisur**
frisör fri'sö:r **Friseur**
frost frost **Frost**
frostskyddsmedel frost-schydds-me:del **Frostschutzmittel**
fru frü: **Frau** *(Anrede)*; **Ehefrau**
frukost frü-'kost **Frühstück**
frukostbuffé frü-'kost-büf'fe: **Frühstücksbüfett**
frukostmatsal frü-'kost-mat-sal **Frühstücksraum**
frukt frükt **Obst**
frysa fry:sa **frieren**
fråga fro:ga **fragen**
från fro:n **aus; von**
främmande främmande **fremd**
fuktig fük-ti **feucht**
full füll **voll**
fullkornsbröd füll-ku:rns-brö:d **Vollkornbrot**
fundera fün'de:ra **nachdenken**
fungera fün'ge:ra **funktionieren**
få fo: **dürfen; bekommen**
fågel fo:gel **Vogel; Geflügel**
fåtölj fo'tölj **Sessel**
färdväg färd-wä:g **Route**

färg färj **Farbe**
färgglad färj-gla:d **bunt**
färja färja **Fähre**
färsk färschk **frisch**
fästingbett fästing-bett **Zeckenbiss**
fästman fäst-mann **Verlobter**
fästmö fäst-mö: **Verlobte**
fästning fästning **Festung**
följa med följa me: **begleiten**
fön fö:n **Föhn**
fönster fönster **Fenster**
fönsterplats fönster-plats **Fensterplatz**
för fö:r **für; zu** *(+ Adjektiv)*
föranmälan för-ann'mä:lan **Voranmeldung**
förbandsartiklar *pl* för'bands-ar'tiklar **Verbandszeug**
förbandslåda för'bands-lo:da **Verbandskasten**
förbjuden för-'bjü:den **verboten**
fördärvad för-'dä:rwad **verdorben**
förhoppningsvis för'hoppnings-wi:s **hoffentlich**
förkylning för'chy:lning **Erkältung**
förköp för-schö:p **Vorverkauf**
förkörsrätt för-chörs-rätt **Vorfahrt**
för lite fö:r li:te **zu wenig**
förlora för-'lu:ra **verlieren**
förlovad för-lo:wad **verlobt**
Förlåt! för-'lo:t! **Verzeihung!**
förlängning för-'längning **Verlängerung**
förlängningssladd för-'längnings-sladd **Verlängerungskabel**
förmiddag för-midda:g **Vormittag**
för mycket fö:r mycke **zu viel**
förnamn för-namn **Vorname**
förort för-u:rt **Vorort**
förpackning för-packning **Verpackung**
förrätt för-rätt **Vorspeise**
för ... sedan fö:r ... se:dan **vor** *(zeitlich)*
försening för-'sche:ning **Verspätung**
förskräcklig för-skräckli **scheußlich**
förslag för-'schla:g **Vorschlag**
försova sig för-'so:wa sej **verschlafen**
förstoppning för-'stoppning **Verstopfung**
förstå för-'schto: **verstehen**
försäkring för-'schä:kring **Versicherung**
försäljare för'säljare **Verkäufer(in)**
försäsong för-säsong **Vorsaison**

försök för-'schö:k **Versuch**
förvaringsbox för-'wa:rings-boks **Schließfach**

G

gaffel gaffel **Gabel**
galleri galle'ri: **Galerie**
gamla stan gammla sta:n **Altstadt**
gammal gammal **alt**
ganska långt ganska longt **ziemlich weit**
garanti garan'ti: **Garantie**
garderob garde'ro:b **Garderobe**
gasbinda ga:s-binda **Mullbinde**
gaskök ga:s-chö:k **Gaskocher**
gasolpatron ga'so:l-pa'tru:n **Gaskartusche**
gata ga:ta **Straße**
ge je: **geben**
gelé sche'le: **Gel**
gemensam je'me:nsam **gemeinsam**
genast je:nast **sofort**
genom je:nom **durch**
gift jift **verheiratet**
giftig jiffti **giftig**
giltig jilti **gültig**
glas gla:s **Glas**
glass glass **Eis**
glasögon *pl* gla:s-ö:gon **Brille**
glida gli:da **rutschen**
glädja sig glä:dja sej **sich freuen**
glödlampa glö:d-lampa **Glühbirne**
glömma glömma **vergessen**
godis gu:dis **Süßigkeiten**
golf golf **Golf**
grad gra:d **Grad**
granne granne **Nachbar**
gratis gra:tis **gratis**
grav gra:w **Grab**
gravid gra'wi:d **schwanger**
grillkol grill-ko:l **Grillkohle**
grotta grotta **Höhle**
grund gründ **seicht**
gryning gry:ning **Dämmerung** *(morgens)*
gryta gry:ta **Topf**
grå gro: **grau**
grädde grädde **Sahne**
gräns gräns **Grenze**
grön grö:n **grün**
grönsaker *pl* grö:n-sa:ker **Gemüse**
gudstjänst güds-schänst **Gottesdienst**
guide gaid **Fremdenführer**
guidebok gaid-bu:k **Reiseführer**
gul gü:l **gelb**
guld güld **Gold**
guldfärgat güld-färjat **golden**
gummibåt gümmi-bo:t **Schlauchboot**
gurka gürka **Gurke**
gymnastikskor jymna'sti:k-sku:r **Turnschuhe**

gynekolog jynne-ko'log **Frauenarzt**
gå go: **gehen**
gågata go:-ga:ta **Fußgängerzone**
gård go:rd **Hof**
gå ut och dansa go: ü:t o dansa **tanzen gehen**
gå ut och äta go: ü:t o ä:ta **essen gehen**
gäst jäst **Gast**
göra jö:ra **machen; tun**
göra ont jö:ra u:nt **wehtun**

H

ha ha: **haben**
hagel ha:gel **Hagel**
hallon hallon **Himbeeren**
hals hals **Hals**
halsbränna hals-bränna **Sodbrennen**
halsduk hals-dü:k **Halstuch; Schal**
halv halw **halb**
halvö halw-ö: **Halbinsel**
hammare hammare **Hammer**
hamn hamn **Hafen**
han hann **er**
hand hand **Hand**
handarbete hand-arbe:te **Handarbeit**
handbagage hand-ba'ga:sch **Handgepäck**
handboll hand-boll **Handball**
handbroms hand-broms **Handbremse**
handduk hand-dü:k **Handtuch**
handfat hand-fa:t **Waschbecken**
handikappad handi-kappad **behindert**
handikappvänlig handikapp-wä:nli **behindertengerecht**
handkräm hand-krä:m **Handcreme**
handla handla **einkaufen**
handpenning hand-penning **Anzahlung**
handskar hand-skar **Handschuhe**
handväska hand-wäska **Handtasche**
hatt hatt **Hut**
hav ha:w **Meer**
Hejdå! hejdo:! **Tschüs!**
hel he:l **ganz**
helg helj **Wochenende**
helgdag helj-da:g **Feiertag**
hellre hellre **lieber**
helpension he:l-pan'schu:n **Vollpension**
hembygdsmuseum hemm-bygds-mü'se:üm **Heimatmuseum**
hemgjord hemm-ju:rd **hausgemacht**
hemort hemm-u:rt **Wohnort**

hemsk hemmsk **schrecklich**
herr herr **Herr**
het he:t **heiß**
heta he:ta **heißen**
hink hink **Eimer**
hiss hiss **Aufzug; Fahrstuhl; Lift**
hitta hitta **finden** *(auffinden)*
hittegodsavdelning hitte-gu:ds-a:w-de:lning **Fundbüro**
hjul jü:l **Rad**
hjälm jälm **Helm**
hjälp jälp **Hilfe**
hjälpa jälpa **helfen**
hjärna jä:rna **Gehirn**
hjärta jä:rta **Herz**
homeopatisk ho:meo'pa:tisk **homöopathisch**
hon hun **sie**
honung ho:nüng **Honig**
hosta hu:sta **Husten**
hostmedicin hu:st-medi'si:n **Hustensaft**
hotell ho'tell **Hotel**
hud hü:d **Haut**
hudläkare hü:d-lä:kare **Hautarzt**
hund hünd **Hund**
hungrig hüngri **hungrig**
hur hü:r **wie**
hur mycket hü:r mycke **wie viel**
hur långt hü:r longt **wie weit**
hus hü:s **Haus**
husbil hü:s-bi:l **Wohnmobil**
hushållsartiklar hü:s-holls-ar'tiklar **Haushaltswaren**
husvagn hü:s-wagn **Wohnwagen**
huvud hü:wüd **Kopf**
huvudrätt hü:wüd-rätt **Hauptgericht**
huvudstad hü:wüd-sta:d **Hauptstadt**
hyra hy:ra **Miete**
hyra hy:ra **mieten**
hyra ut hy:ra ü:t **vermieten**
håll holl **Richtung**
hållplats holl-plats **Haltestelle**
hår ho:r **Haar**
hård ho:rd **hart**
hårspray ho:r-sprej **Haarspray**
hårspänne ho:r-spänne **Haarspange**
hårtofs ho:r-tofs **Haargummi**
hämta hämmta **abholen; holen**
här hä:r **hier**
häst häst **Pferd**
höft höft **Hüfte**
hög hö:g **hoch**
höger hö:ger **rechts**
högsäsong hö:g-säsong **Hauptsaison**
högt högt **laut**
höra hö:ra **hören**
höra av sig hö:ra a:w sej **sich melden**

hörlurar *pl* hör-lü:rar **Kopfhörer**
hörn hörn **Ecke**
hösnuva hö:-snü:wa **Heuschnupfen**
höst höst **Herbst**

I

i i: **in**
ibland i'bland **manchmal**
i dag i da:g **heute**
idrott i:drott **Sport**
i eftermiddag i efter-midda:g **heute Nachmittag**
i förrgår i: förr-go:r **vorgestern**
i god tid i: gu:d ti:d **rechtzeitig**
i går i: go:r **gestern**
i kväll i kwäll **heute Abend**
illa illa **übel**
illamående illa-mo:ende **Übelkeit**
i morgon i morron **morgen**
i morse i morsche **heute Morgen**
infart inn-fart **Einfahrt**
infektion infek'schu:n **Infektion**
inflammation in-flamma'schu:n **Entzündung**
influensa inflü'ensa **Grippe**
information informa'schu:n **Auskunft; Information**
ingen ingen **niemand; kein(e)**
inget inget **nichts; kein**
ingång inn-gong **Eingang**
inkluderad in-klü'de:rad **inbegriffen**
inne inne **drinnen**
innerstad inner-sta:d **Innenstadt**
insektsbett insekts-bett **Insektenstich**
insektsspray in'sekts-sprej **Insektenspray**
inskrift inn-skrift **Inschrift**
insulin insü'li:n **Insulin**
inte inte **nicht**
inte långt inte longt **nicht weit**
intressant intres'sant **interessant**
inträde inn-trä:de **Eintritt**
invärtesläkare innwärtes-lä:kare **Internist**
i stället för i stället fö:r **anstatt**
i tid i: ti:d **pünktlich**
i övermorgon i: ö:wer-morron **übermorgen**

J

ja ja: **ja**
jacka jacka **Jacke**
jag ja:g **ich**
januari janü'a:ri **Januar**
jeans ji:ns **Jeans**
jobba jobba **arbeiten**
jod jodd **Jod**
jogga jogga **joggen**
jord ju:rd **Erde**

jordgubbar ju:rd-gübbar **Erdbeeren**
jordnötter ju:rd-nötter **Erdnüsse**
juice ju:s **Saft**
jul jü:l **Weihnachten**
juli jü:li **Juli**
juni jü:ni **Juni**
juvelerare jü:we'le:rare **Juwelier**
jämföra jämm-fö:ra **vergleichen**
järnvägsstation jä:rn-wä:gs-sta'schu:n **Bahnhof**

K

kabel ka:bel **Kabel**
kafé ka'fe: **Café**
kaffe kaffe **Kaffee**
kaffebryggare kaffe-bryggare **Kaffeemaschine**
kajak ka'ja:k **Kajak**
kajplats kai-plats **Anlegestelle** *(Schiff)*
kaka ka:ka **Kuchen**
kakao ka:kao **Kakao**
kall kall **kalt**
kalla kalla **nennen**
kalvkött kalw-chött **Kalbfleisch**
kam kamm **Kamm**
kanna kanna **Kanne**
kanot ka'nu:t **Kanu**
kanske kansche **vielleicht**
kapell ka'pell **Kapelle**
kappa kappa **Mantel** *(Damen)*
kapten kap'te:n **Kapitän**
karat ka'ra:t **Karat**
karneval karne'wa:l **Fasching, Karneval**
karta ka:rta **Karte; Landkarte**
kasino ka'si:no **Spielkasino**
kassa kassa **Kasse; Theke**
kassaskåp kassa-sko:p **Safe**
katalog kata'lo:g **Katalog**
katedral kate'dra:l **Kathedrale**
kedja che:dja **Kette**
kemtvätt che:m-twätt **Reinigung** *(Geschäft)*
keramik chera'mi:k **Keramik**
ketchup ketchüp **Ketchup**
kex cheks **Kekse**
kilometer chi:lo-'me:ter **Kilometer**
kiosk chosk **Kiosk**
kjol chu:l **Rock**
klaga kla:ga **sich beschweren**
klar kla:r **fertig; klar**
klimat kli'ma:t **Klima**
klister, klistret klister **Klebstoff**
klocka klocka **Uhr**
kloster klosster **Kloster**
klädhängare klä:d-hängare **Kleiderbügel**
klädnypor klä:d-ny:pur **Wäscheklammern**
klänning klänning **Kleid**
klättra klättra **klettern**

knapp knapp **Knopf; Schalter** *(elektrisch)*
kniv kni:w **Messer**
knä knä: **Knie**
koka ku:ka **kochen**
kokbok ku:k-bu:k **Kochbuch**
kollegieblock ko'lle:gje-block **Schreibblock**
komma ifrån komma ifro:n **kommen aus**
komma ihåg komma i'ho:g **sich merken**
komma tillbaka komma till'ba:ka **wiederkommen**
konditori kondito'ri: **Konditorei**
konduktör kondük'tö:r **Schaffner**
konsert kon'sä:r **Konzert**
konst konst **Kunst**
konsthantverk konst-hant-werk **Kunsthandwerk**
konstnär konst'nä:r **Künstler**
konstsamling konst-sammling **Kunstsammlung; Gemäldesammlung**
kontakt kon'takt **Stecker; Kontakt**
kontant kon'tant **bar**
kontrakt kon'trakt **Vertrag**
kontusion kontü'schu:n **Prellung**
kopia ko'pi:a **Kopie**
kopp kopp **Tasse**
korkskruv kork-skrü:w **Korkenzieher**
kors korsch **Kreuz**
korsning korschning **Kreuzung**
kort kort **kurz**
(spel)kort (spe:l)kurt **Spielkarten**
korv korw **Würstchen**
kosta kosta **kosten**
kostym kos'ty:m **Anzug; Kostüm**
kramp kramp **Krampf**
kreditkort kre'di:t-kurt **Kreditkarte**
krock krock **Zusammenstoß**
kropp kropp **Körper**
kroppslotion kropps-'lo:schen **Körperlotion**
krukmakeri krü:k-make'ri **Töpferei**
krycka krycka **Krücke**
kryddad kryddad **gewürzt**
kryddor kryddur **Gewürze**
kryssning kryssning **Kreuzfahrt**
kudde küdde **Kopfkissen**
kulle külle **Hügel**
kulspetspenna kü:l-spets-penna **Kugelschreiber**
kung küng **König**
kunna künna **können**
kupé kü'pe: **Abteil** *(Zug)*
kupol kü'po:l **Kuppel**
kurs kürsch **Kurs**
kurva kürwa **Kurve**

kust küst **Küste; Ufer**
kuvert kü'wä:r **Briefumschlag**
kvalitet kwali'te:t **Qualität**
kvarn kwa:rn **Mühle**
kvart kwart **Viertelstunde**
kvast kwast **Besen**
kvav kwa:w **schwül**
kvinna kwinna **Frau**
kvinnlig kwinnli **weiblich**
kvinnlig läkare kwinnli lä:kare **Ärztin**
kvitto kwitto **Quittung**
kväll kwäll **Abend**
kyckling chyckling **Hähnchen**
kylig chy:li **kühl**
kylskåp chy:l-sko:p **Kühlschrank**
kylväska chy:l-wäska **Kühltasche**
kypare chy:pare **Kellner**
kyrka chyrka **Kirche**
kyrkogård chyrko-'go:rd **Friedhof**
kyrktorn chyrk-tu:rn **Kirchturm**
kyssa chyssa **küssen**
källa chälla **Quelle**
känna chänna **spüren**
kök chö:k **Küche**
kökshandduk chö:ks-hand-dük **Geschirrtuch**
köpa chö:pa **kaufen**
köpcentrum chö:p-'sentrüm **Einkaufszentrum**
kör kö:r **Chor**
köra chö:ra **fahren** *(steuern)*
körkort chör-kurt **Führerschein**
körsbär chörs-bä:r **Kirschen**
kött chött **Fleisch**

L

ladda ladda **aufladen**
laddare laddare **Ladegerät**
laddningssladd laddnings-sladd **Ladekabel**
lag la:g **Mannschaft**
lakan la:kan **Bettlaken**
lammkött lamm-chött **Lammfleisch**
lampa lampa **Lampe**
land land **Land**
landning landning **Landung**
landskap land-ska:p **Landschaft**
landsväg lands-wä:g **Landstraße**
lavin la'wi:n **Lawine**
led le:d **Gelenk**
ledig le:di **frei** *(nicht belegt)*
legitimation legitima'schu:n **Personalausweis**
legitimationskort legitima'schu:ns-kurt **Ausweis**
lekplats le:k-plats **Spielplatz**
leksak le:k-sa:k **Spielzeug**
leta efter le:ta efter **suchen**
leva le:wa **leben**
lever le:wer **Leber**
lifta liffta **trampen**

liggunderlag ligg-ünderla:g **Isomatte**
lik li:k **ähnlich**
lika li:ka **gleich** *(Vergleich)*
lila li:la **lila**
lina li:na **Seil**
linbana li:n-ba:na **Seilbahn**
linne linne **Leinen** *(Stoff)*
lite li:te **wenig**
lite grand li:te grand **ein bisschen**
litet *n* li:tet **klein**
livboj li:w-boj **Rettungsring**
livbåt li:w-bo:t **Rettungsboot**
livsmedelsaffär liws-me:dels-a'ffä:r **Lebensmittelgeschäft**
ljus jü:s **hell**
ljus jü:s **Kerze; Licht**
ljusrosa jü:s-ro:sa **rosa**
lobby lobbi **Foyer**
lockar lockar **Locken**
lokal tid lu'ka:l ti:d **Ortszeit**
loppmarknad lopp-marknad **Flohmarkt**
lova lo:wa **versprechen**
luft lüft **Luft**
luftförorening lüft-för-u:re:ning **Luftverschmutzung**
luftkonditionering lüft-kondischu'ne:ring **Klimaanlage**
luftmadrass lüft-ma'drass **Luftmatratze**
lugg lugg **Pony**
lugn lügn **Ruhe**
lugn lügn **ruhig**
lukta lükta **riechen**
lunch lunsch **Mittagessen**
lunga lünga **Lunge**
lycklig lyckli **glücklich**
lågsäsong lo:g-säsong **Nachsaison**
lågtryck lo:g-tryck **Tief**
lång long **lang**
långsam longsam **langsam**
långt longt **weit**
läder lä:der **Leder**
lägenhet lä:genhe:t **Wohnung**
läkare lä:kare **Arzt**
lämna tillbaka lämna till'ba:ka **zurückgeben**
längdskidåkning längd-schi:d-o:kning **Langlauf**
läppstift läpp-stift **Lippenstift**
lära känna lä:ra chänna **kennenlernen**
lära sig lä:ra sej **lernen**
läsa lä:sa **lesen**
läsk läsk **Limonade**
lätt lätt **leicht**
lättmjölk lätt-mjölk **fettarme Milch**
lök lö:k **Zwiebel**
lördag lör-da:g **Samstag**
lösenord lösen-u:rd **Passwort**
löständer *pl* lö:s-tänder **Gebiss**

M

madrass ma'drass **Matratze**
mage ma:ge **Bauch**
mager ma:ger **mager**
magsår ma:g-so:r **Magengeschwür**
magsäck ma:g-säck **Magen**
maj mai **Mai**
majonnäs majo'nä:s **Mayonnaise**
majs mais **Mais**
man mann **man**
man mann **Mann; Ehemann**
marknad marknad **Markt**
marknadstorg marknads-torj **Marktplatz**
marmelad marme'la:d **Marmelade**
mars marsch **März**
massage mas'sa:sch **Massage**
mat ma:t **Verpflegung; Essen**
matsal ma:t-sa:l **Speisesaal**
matsedel ma:t-se:del **Speisekarte**
matsäck ma:t-säck **Proviant**
med me: **mit**
medeltid me:del-ti:d **Mittelalter**
medicin medi'si:n **Medizin**
mellan mellan **zwischen**
mellanlandning mellan-landning **Zwischenlandung**
men menn **aber**
meny me'ny: **Menü**
mer me:r **mehr**
meter me:ter **Meter**
middag mid-da:g **Abendessen**
migrän mi'grä:n **Migräne**
mineralvatten mine'ra:l-watten **Mineralwasser**
minigolfbana minigolf-ba:na **Minigolfplatz**
miniräknare mini-rä:knare **Taschenrechner**
minnesmärke minnes-märke **Denkmal**
minut mi'nü:t **Minute**
missa missa **verpassen**
missförstånd miss-fö:r'schtond **Missverständnis**
misstag miss-ta:g **Versehen**
mitt mitt **Mitte**
mittemot mitt-emu:t **gegenüber**
mjuk mjü:k **weich**
mjölk mjölk **Milch**
mobiltelefon mo'bi:l-tele'fo:n **Handy; Mobiltelefon**
mobiltelefonnummer mo'bi:l-tele'fo:n-nümmer **Handynummer**
mockaskinn mocka-schinn **Wildleder**
moln muln **Wolke**
molnig mu:lni **bewölkt**
moms momms **Mehrwertsteuer**
mor mu:r **Mutter**

moské mos'ke: **Moschee**
motor mu:tor **Motor**
motorbåt mu:tor-bo:t **Motorboot**
motorcykel mu:tor-syckel **Motorrad**
motorfel mu:tor-fe:l **Panne**
motorväg mu:tor-wä:g **Autobahn**
mousserande vin mu'sse:rande wi:n **Sekt**
MP3-spelare empe:'tre:-spe:lare **MP3-Player**
mulen mülen **bewölkt**
mun münn **Mund**
mur mü:r **Mauer**
museum mü'se:üm **Museum**
musik mü'si:k **Musik**
musikaffär mü'si:k-a'ffä:r **Musikgeschäft**
musikal müsi'ka:l **Musical**
muskel müskel **Muskel**
musslor müsslur **Muscheln**
mycket mycke **sehr; viel**
myggnät mygg-nä:t **Moskitonetz**
myggskydd mygg-schydd **Mückenschutz**
myggspiral mygg-spi'ra:l **Moskitospirale**
mynt mynt **Münze**
målare mo:lare **Maler**
måleri mo:le'ri **Malerei**
månad mo:nad **Monat**
måndag mon-da:g **Montag**
måne mo:ne **Mond**
måste moste **müssen**
människa männischa **Mensch**
mässa mässa **Messe**
mätt mätt **satt**
möjlig möijli **möglich**
mörk mörk **dunkel**
mörkrosa mörk-ro:sa **pink**
mörkt bröd mörkt brö:d **Schwarzbrot**
mössa mössa **Mütze**

N

nacke nacke **Nacken**
nagelborste na:gel-borschte **Nagelbürste**
nagelfil na:gel-fi:l **Nagelfeile**
nagellack na:gel-lack **Nagellack**
nagellacksborttagare na:gel-lacks-bort-ta:gare **Nagellackentferner**
nagelsax na:gel-saks **Nagelschere**
naken na:ken **nackt**
namn namn **Name**
napp napp **Schnuller**
nappflaska napp-flaska **Babyfläschchen**
narkotika nar'ko:tika **Rauschgift**
nationalitet natschunali'te:t **Staatsangehörigkeit**

nationalitetsbeteckning natschunali'te:ts-be'täckning **Nationalitätskennzeichen**
nationalpark natschu'nal-park **Nationalpark**
natt natt **Nacht**
natur na'tü:r **Natur**
naturläkare na'tü:r-lä:kare **Heilpraktiker**
naturreservat natü:r-reser'wa:t **Naturschutzgebiet**
navigationsapparat naviga'schu:ns-appa'rat **Navigationsgerät**
navigationssystem naviga'schu:ns-syste:m **Navigationssystem**
nederbörd ne:der-börd **Niederschlag**
nedåt ne:d-ot **runter**
nej nej **nein**
nektarin nekta'ri:n **Nektarine**
nere ne:re **unten**
nerv nerw **Nerv**
ni ni: **ihr**
njure njü:re **Niere**
noga nu:ga **genau**
normal nor'ma:l **normal**
norr norr **Norden**
november no'wember **November**
nu nü: **jetzt; nun**
nudiststrand nü'dist-strand **FKK-Strand**
nummer nümmer **Nummer**
ny ny: **neu**
nyckel nyckel **Schlüssel**
nyhet ny:-he:t **Nachricht**
nyårsafton ny:-o:rsch-'afton **Silvester**
nyårsdag ny:-o:rsch-da:gen **Neujahr**
någon no:gon **jemand**
något no:got **etwas**
när nä:r **wann; als** *(zeitlich)*
nära till nära till **nahe bei**
näsa nä:sa **Nase**
näsduk nä:s-dü:k **Taschentuch**
nästa nästa **nächste; nächster; nächstes**
nästa år nästa o:r **nächstes Jahr**
nätspänning nä:t-spänning **Netzspannung**
nödutgång nö:d-ü:t-gong **Notausgang**
nöjd nöjd **zufrieden**
nöje nöije **Vergnügen**
nötkött nö:t-chött **Rindfleisch**

O

oartig u:arti **unhöflich**
oavgjort u:-a:w-jurt **unentschieden**
objektiv objek'ti:w **Objektiv**
observatorium, observatoriet obserwa'tu:rium **Sternwarte**

Obs! obs! **Vorsicht!**
och o: **und**
också ockso: **auch**
ofreda u:freda **belästigen**
ofta offta **oft**
ogiltig u:jilti **ungültig**
okej o'kej **in Ordnung**
oktober ok'tu:ber **Oktober**
olika u:lika **verschieden**
oliver o'li:wer **Oliven**
olja olja **Öl**
olycka u:lycka **Unfall; Unglück**
om omm **in** *(zeitlich)*; **falls**
omgivning om-ji:wning **Umgebung**
omklädningsrum omm-klä:dnings-rümm **Umkleidekabine**
område ommro:de **Gebiet; Gegend**
omväg omm-wä:g **Umweg**
ond u:nd **böse**
onsdag u:ns-da:g **Mittwoch**
opera u:pera **Oper; Opernhaus**
operett u:pe'rett **Operette**
optiker optiker **Optiker**
ordbok u:rd-bu:k **Wörterbuch**
ordning o:rdning **Ordnung**
oregano ore'ga:no **Oregano**
orgel orjel **Orgel**
original orgi'na:l **Original**
originalversion orgi'na:l-wer'schu:n **Originalfassung**
orkester or'kester **Orchester**
orsak u:r-scha:k **Ursache**
ortoped orto'pe:d **Orthopäde**
ost u:st **Käse**
oväder u:wä:der **Unwetter**

P

paket pa'ke:t **Päckchen**
palats pa'lats **Palast**
panna panna **Stirn**
papper papper **Papier; Papiere**
pappershandel pappersch-handel **Schreibwarengeschäft**
pappersnäsdukar pappersch-nä:s-dü:kar **Papiertaschentücher**
paraply para'ply: **Schirm**
parfym par'fy:m **Parfüm**
parfymeri parfy:me'ri: **Drogerie; Parfümerie**
park park **Park**
parkera par'ke:ra **parken**
parkeringsautomat par'ke:rings-auto'ma:t **Parkscheinautomat**
parkeringsförbud par'ke:rings-för'bü:d **Parkverbot**
parkeringshus par'ke:rings-hü:s **Parkhaus**
parkeringsmätare par'ke:rings-mä:tare **Parkuhr**
parkeringsplats par'ke:rings-plats **Parkplatz**
pass pass **Pass; Reisepass**

pasta pasta **Nudeln**
paus paus **Pause**
pelare pe:lare **Säule**
pendeltåg pendel-to:g **S-Bahn**
pengar *pl* pengar **Geld**
penna penna **Stift**
pennvässare penn-wässare **Spitzer**
peppar peppar **Pfeffer**
persika pe:rschika **Pfirsich**
person per'schu:n **Person**
personlig per'schu:nli **persönlich**
pilot pi'lu:t **Pilot**
pincett pin'sett **Pinzette**
pingst pingst **Pfingsten**
pinkod pinn-ko:d **Geheimzahl**
pipa pi:pa **Pfeife**
plakat pla'ka:t **Plakat**
plastfolie plast-fu:lie **Frischhaltefolie**
plats plats **Platz**
plattform platt-form **Bahnsteig**
plommon plummon **Pflaume**
plåster ploster **Pflaster**
pojke poike **Junge**
polis po'li:s **Polizei; Polizist**
porslin por'schli:n **Geschirr**
port pu:rt **Tor**
portal por'ta:l **Portal**
portion port'schu:n **Portion**
porträtt por'trätt **Porträt**
post post **Post**
postnummer post-nümmer **Postleitzahl**
potatisar po'ta:tisar **Kartoffeln**
prata pra:ta **sprechen**
present pre'sent **Geschenk**
presentera presen'te:ra **vorstellen**
presentkort pre'sent-kurt **Gutschein**
pris pri:s **Preis**
prisvärd pri:s-wärd **preiswert**
program pro'gramm **Programm**
promenad pro:me'na:d **Spaziergang**
prova pru:wa **probieren**
pröva prö:wa **prüfen**
p-skiva pe:-schi:wa **Parkscheibe**
pub pub **Kneipe**
puder pü:der **Puder**
pulver pülwer **Pulver**
pyjamas py'ja:mas **Schlafanzug**
på po: **auf**
på eftermiddagen po: efter-midda:gen **nachmittags**
på förmiddagen po: för-midda:gen **vormittags**
på grund av po: gründ a:w **wegen**
på kvällen po: kwällen **abends**
pålitlig po:-li:tli **zuverlässig**
på marknivå po: mark-ni:'wo: **ebenerdig**

på morgonen po: morronnen morgens
på natten po: natten **nachts**
påse po:se **Tüte**
påsk posk **Ostern**
på tyska po: tyska **auf Deutsch**
päron pä:ron **Birne**

R

rabatt ra'batt **Ermäßigung; Rabatt**
rad ra:d **Reihe**
radio ra:dio **Radio**
raka ra:ka **rasieren**
rakapparat ra:k-appa'ra:t **Rasierapparat**
rakblad ra:k-bla:d **Rasierklinge**
raklödder ra:k-lödder **Rasierschaum**
rakt fram ra:kt framm **geradeaus**
rastplats rastplats **Raststätte**
ravin ra'wi:n **Schlucht**
rea re:a **Ausverkauf**
recept re'sept **Rezept**
reception resep'schu:n **Empfang; Rezeption**
redan re:dan **schon**
regn regn **Regen**
regna regna **regnen**
regnig regni **regnerisch**
regnjacka regn-jacka **Regenjacke**
regnkappa regn-kappa **Regenmantel**
regnskur regn-skü:r **Regenschauer**
reklamation reklama'schu:n **Beanstandung; Reklamation**
rekommendera rekommen'de:ra **empfehlen**
ren re:n **sauber**
rengöringsmedel re:n-jö:rings-me:del **Putzmittel**
reparation repara'schu:n **Reparatur**
reparera repa're:ra **reparieren**
resa re:sa **Reise**
researrangör re:se-arran'schö:r **Reiseveranstalter**
resebyrå re:se-by:ro **Reisebüro**
resegrupp re:se:grüpp **Reisegruppe**
reservdel re'serw-de:l **Ersatzteil**
reservdäck re'serw-däck **Reservereifen**
reserverad reser'we:rad **reserviert**
resgodsförvaring re:s-guds-för'wa:ring **Gepäckaufbewahrung**
restaurang restau'rang **Restaurant**
restaurangvagn restau'rang-wagn **Speisewagen**

restaurerad restau're:rad **restauriert**
resväska re:s-wäska **Koffer; Reisetasche**
retsam re:tsam **ärgerlich**
returflyg re'tü:r-fly:g **Rückflug**
revben re:w-be:n **Rippe**
rida ri:da **reiten**
rik ri:k **reich**
ring ring **Ring**
ris ri:s **Reis**
risk risk **Risiko**
riskabel ris'ka:bel **riskant**
rock rock **Mantel** *(Herren)*
roddbåt rudd-bo:t **Ruderboot**
roman ro'ma:n **Roman**
ropa ru:pa **rufen**
rosévin ro'se:-wi:n **Roséwein**
rosmarin ro:sma'ri:n **Rosmarin**
rot ru:t **Wurzel**
ruin rü'i:n **Ruine**
rulla rülla **rollen**
rullstol rüll-stu:l **Rollstuhl**
rullstolsbunden person rüll-stu:ls-bünden per'schu:n **Rollstuhlfahrer**
rulltrappa rüll-trappa **Rolltreppe**
rum rümm **Zimmer**
rund ründ **rund**
rundtur ründ-tü:r **Rundfahrt**
ruta rü:ta **Scheibe**
rygg rygg **Rücken**
ryggkota rygg-ku:ta **Wirbel**
ryggrad ryg-gra:d **Wirbelsäule**
ryggsäck rygg-säck **Rucksack**
rå ro: **roh**
råd ro:d **Rat**
rådhus ro:d-hü:s **Rathaus**
rädda rädda **retten**
räkna rä:kna **rechnen; zählen**
räkna fel rä:kna fe:l **sich verrechnen**
räkning rä:kning **Rechnung**
rätt rätt **richtig**
rätt rätt **Gericht** *(Essen)*
röd rö:d **rot**
rödvin rö:d-wi:n **Rotwein**
röka rö:ka **rauchen**
rökare rö:kare **Raucher**
röst röst **Stimme**

S

sadel sa:del **Sattel**
saft saft **Sirup**
sak sa:k **Sache**
sakna sa:kna **vermissen**
sal sa:l **Saal**
sallad sallad **Salat**
salt salt **Salz**
saluhall sa:lü:-hall **Markthalle**
salva salwa **Salbe**
samling sammling **Sammlung**
sand sand **Sand**
sandaler san'da:ler **Sandalen**
sandsten sand-ste:n **Sandstein**
sandstrand sand-strand **Sandstrand**

sann sann **wahr**
sax saks **Schere**
schampo schampo **Shampoo**
Schweiz schwejts **Schweiz**
schweiziska franc schwejt'siska frang **Schweizer Franken**
se se: **sehen**
sed se:d **Sitte**
sedan se:dan **dann; seit**
segelbåt se:gel-bo:t **Segelboot**
seger se:ger **Sieg**
segla se:gla **segeln**
sekund se'künd **Sekunde**
semester se'mester **Ferien; Urlaub**
semesterhus se'mester-hü:s **Ferienhaus** *(allgem.)*
semesterlägenhet se'mester-lä:genhe:t **Ferienwohnung**
sena se:na **Sehne**
senap se:napp **Senf**
senare se:nare **später**
sent se:nt **spät**
september sep'tember **September**
servera ser'we:ra **servieren**
servett ser'wett **Serviette**
service sö:r-wis **Service**
servitris serwi'tri:s **Kellnerin**
ses igen se:s i'jenn **wiedersehen**
sevärdhet se:-wärd-he:t **Sehenswürdigkeit**
sida si:da **Seite**
siden si:den **Seide**
sikt sickt **Sicht**
silver silwer **Silber**
silverfärgad silwer-färjad **silbern**
simfötter *pl* simm-fö:tter **Schwimmflossen**
simhall simm-hall **Schwimmbad**
simkuddar *pl* simm-küddar **Schwimmflügel**
simma simma **schwimmen**
sits sits **Sitz**
sitta sitta **sitzen**
sittlift sitt-lift **Sessellift**
sjuk schü:k **krank**
sjukdom schü:kdu:m **Krankheit**
sjukhus schü:k-hü:s **Krankenhaus**
sjunga schünga **singen**
själv schälw **selbst**
självbetjäning schälw-be'schä:ning **Selbstbedienung**
självklar schälw-kla:r **selbstverständlich**
sjö schö: **See**
sjöborre schö:-borre **Seeigel**
sjöfartsmuseum schö:-fa:rts-mü'se:üm **Schifffahrtsmuseum**
sjögång schö:-gong **Seegang**
sjösjuk schö:-schü:k **seekrank**
sjösäck schö:-säck **Seesack**

skada ska:da **Schaden; Verletzung**
skada sig ska:da sej **sich verletzen**
skadlig ska:dli **schädlich**
skattkammare skatt-kammare **Schatzkammer**
sked sche:d **Löffel**
sken sche:n **Schein**
skepp schepp **Schiff**
skeppsförmedling schepps-för'me:dling **Schiffsagentur**
skeppsläkare schepps-'lä:kare **Schiffsarzt**
skicka schicka **schicken**
skida schi:da **Ski**
skidspår schi:d-spo:r **Loipe**
skillnad schillnad **Unterschied**
skinka schinka **Schinken**
skiva schi:wa **Scheibe** *(Stück)*
skjorta schu:rta **Hemd**
skjuta schü:ta **schieben; schießen**
skoaffär sku:-a'ffä:r **Schuhgeschäft**
skog sku:g **Wald**
skoj skoj **Spaß**
skokräm sku:-kräm **Schuhcreme**
skola sku:la **sollen**
skola sku:la **Schule**
skollov sku:l-lo:w **Schulferien**
skomakare sku:-ma:kare **Schuhmacher**
skor sku:r **Schuhe**
skorpa sko:rpa **Zwieback**
skosnöre sku:-snö:re **Schnürsenkel**
skratta skratta **lachen**
skrika skri:ka **schreien**
skriva skri:wa **schreiben**
skriva ut skri:wa ü:t **drucken**
skruv skrü:w **Schraube**
skruvmejsel skrü:w-mejsel **Schraubenzieher**
skruvnyckel skrü:w-nyckel **Schraubenschlüssel**
skräck skräck **Schreck**
skugga skügga **Schatten**
skulptur skülp'tü:r **Skulptur**
skydd schydd **Schutz**
skyddsstuga schydds-stü:ga **Schutzhütte**
skylt schylt **Schild**
skyltfönster schylt-fönster **Schaufenster**
skymning schymmning **Dämmerung** *(abends)*
skådespelare sko:de-spe:lare **Schauspieler**
skådespelerska sko:de-spe:lerschka **Schauspielerin**
skål sko:l **Schüssel; Schale**
skåp sko:p **Schrank**
skägg schägg **Bart**
skälla schälla **schimpfen**
skällsord schälls-u:rd **Schimpfwort**

skämt schämmt **Scherz**
skänka schänka **schenken**
skära schä:ra **schneiden**
skärgård schä:r-go:rd **Schärenküste**
skärmmössa schärm-mössa **Schirmmütze**
skärva schä:rwa **Scherbe**
slang slang **Schlauch**
slips slips **Krawatte**
slott slott **Schloss**
slut slü:t **Ende; Schluss**
sluta slü:ta **aufhören**
släcka släcka **ausmachen** *(Licht)*
smaka sma:ka **schmecken**
smal sma:l **dünn; schlank; schmal**
smink smink **Schminke**
smittande smittande **ansteckend**
sms es-em-es **SMS**
smutsig smütsi **schmutzig**
smycke smycke **Schmuck**
smärtstillande medicin smärt-stillande medi'si:n **Schmerzmittel**
smör smör **Butter**
smörgås smör-go:s **belegtes Brot**
snabb snabb **schnell**
snarka sna:rka **schnarchen**
snart sna:rt **bald**
sned sne:d **schief**
snideri snide'ri: **Schnitzerei**
snorkel snorkel **Schnorchel**
snuva snü:wa **Schnupfen**
snygg snygg **hübsch**
snäll snäll **nett**
snälla snälla **bitte**
snö snö: **Schnee**
snöa snö:a **schneien**
snökedjor snö:-che:djur **Schneeketten**
snöre snö:re **Schnur**
socker socker **Zucker**
sockor *pl* sockur **Socken**
sol su:l **Sonne**
sola sig so:la sej **sich sonnen**
solarium so'la:rium **Solarium**
solbränna su:l-bränna **Sonnenbrand**
solglasögon *pl* su:l-gla:s-ö:gon **Sonnenbrille**
solhatt su:l-hatt **Sonnenhut**
solig su:li **sonnig**
solkräm su:l-kräm **Sonnencreme**
sollotion su:l-lo:'schu:n **Sonnenmilch**
solnedgång su:l-ne:d-gong **Sonnenuntergang**
solskyddsfaktor su:l-schydds-faktor **Lichtschutzfaktor**
soluppgång su:l-üpp-gong **Sonnenaufgang**
sommar sommar **Sommer**
somna sommna **einschlafen**

son so:n **Sohn**
sophink su:p-hink **Mülleimer**
soppa soppa **Suppe**
sort sort **Sorte**
souvenir suwe'ni:r **Andenken; Souvenir**
souvenirbutik suwe'ni:r-bü'ti:k **Andenkenladen**
sova so:wa **schlafen**
sovsäck so:w-säck **Schlafsack**
sovvagn so:w-wagn **Schlafwagen**
spara spa:ra **speichern; sparen**
sparbank spa:r-bank **Sparkasse**
sparris sparris **Spargel**
specialerbjudande spesia:l-er'bjüdande **Sonderangebot**
specialitet spesiali'te:t **Spezialität**
spegel spe:gel **Spiegel**
spegelreflexkamera spe:gel-re'fleks-ka:mera **Spiegelreflexkamera**
spel spe:l **Spiel**
spela spe:la **spielen**
spelfilm spe:l-film **Spielfilm**
spenat spe'na:t **Spinat**
spindel spindel **Spinne**
spis spi:s **Herd**
sportaffär spo:rt-a'ffä:r **Sportgeschäft**
spricka spricka **Riss**
springa springa **laufen**
spruta sprü:ta **Spritze**
språk spro:k **Sprache**
språkkurs spro:k-kürsch **Sprachkurs**
spypåse spy:-po:se **Spucktüte**
spår spo:r **Gleis**
spårvagn spo:r-wagn **Straßenbahn**
späda ut spä:da ü:t **verdünnen**
spädbarn spä:d-ba:rn **Säugling**
spänning spänning **Spannung** *(elektrisch)*
stad sta:d **Stadt**
stadion sta:dion **Stadion**
stadsdel stads-de:l **Stadtteil**
stadsmur stads-mü:r **Stadtmauer**
stadsport stads-pu:rt **Stadttor**
stadsrundtur stads-ründ-tü:r **Stadtrundfahrt**
stanna stanna **bleiben; halten**
stark stark **scharf; stark**
starta sta:rta **starten**
startkabel start-ka:bel **Starthilfekabel**
station sta'schu:n **Station**
stativ sta'ti:w **Stativ**
staty sta'ty: **Statue**
stekpanna ste:k-panna **Pfanne**
steward stjuard **Steward** *(Schiff)*
stiga sti:ga **steigen**
stiga av sti:ga a:w **aussteigen**
stiga på sti:ga po: **einsteigen**

sting sting **Stich** *(Insekt)*
stjärna schä:rna **Stern**
stol stu:l **Stuhl**
stor stu:r **groß**
storlek stu:rlek **Größe**
storm sto:rm **Sturm**
stormarknad stu:r-marknad **Supermarkt**
stormig sto:rmi **stürmisch**
stormvarning storm-wa:rning **Sturmwarnung**
straff straff **Strafe**
strand strand **Strand**
strandbad strand-ba:d **Strandbad**
strax straks **gleich** *(zeitlich)*
strumpbyxor *pl* strümp-byksur **Strumpfhose**
strumpor strümpur **Strümpfe**
stryka stry:ka **bügeln**
strykjärn stry:k-jä:rn **Bügeleisen**
strålande stro:lande **heiter** *(Wetter)*
strålkastare stro:l-kastare **Scheinwerfer**
ström strömm **Strom**
studera stü'de:ra **studieren**
stuga stü:ga **Bungalow; Ferienhaus** *(typisch schwed.)*; **Hütte**
stulen stü:len **gestohlen**
stycke stycke **Stück**
stå sto: **stehen**
ståplats sto:-plats **Stehplatz**
städa stä:da **putzen**
ställa ställa **stellen**
stämning stämmning **Stimmung**
stämplingsautomat stämplings-auto'ma:t **Entwerter** *(Fahrkarte)*
stänga stänga **schließen**
stängt stängt **geschlossen**
stödperson stö:d-per'scho:n **Begleitperson**
störa stö:ra **stören**
störning störning **Störung**
större större **größer**
stövel stöwel **Stiefel**
suddgummi südd-gümmi **Radiergummi**
summa sümma **Summe**
sur sü:r **sauer**
surfa sürfa **surfen** *(Sport)*
surfa på internet sürfa po: internet **surfen** *(Internet)*
surfbräda sürf-brä:da **Surfbrett**
svag swa:g **schwach**
svampar swampar **Pilze**
svar swa:r **Antwort**
svart swart **schwarz**
svensk swensk **schwedisch**
svensk swensk **Schwede**
svenska swenska **Schwedin**
svensk krona svensk kru:na **Schwedische Krone**
Sverige swerje **Schweden**

svettas swettas **schwitzen**
svullnad swüllnad **Schwellung**
svår swo:r **schwierig**
svälja swälja **schlucken**
swimmingpool swimming-pu:l **Swimmingpool**
synagoga sy:na'go:ga **Synagoge**
syntetmaterial syn'te:t-materi'al **Synthetik**
syskon syskon **Geschwister**
syster syster **Schwester**
så so: **so**
sångare songare **Sänger**
sångerska songerschka **Sängerin**
sår so:r **Wunde**
sås so:s **Soße**
säga säija **sagen**
säker sä:ker **sicher**
säkerhet sä:ker-he:t **Sicherheit**
säkerhetsbälte sä:kerhe:ts-bälte **Sicherheitsgurt**
säkerhetsnål sä:kerhe:ts-no:l **Sicherheitsnadel**
säkert sä:kert **sicherlich**
säkring sä:kring **Sicherung**
sällskap säll-ska:p **Begleitung**
sändare sändare **Sender**
säng säng **Bett**
sängkläder *pl* säng-klä:der **Bettwäsche**
säsong sä'song **Saison**
sätta på sätta po: **einschalten**
söder sö:der **Süden**
sömntabletter sömn-tabletter **Schlaftabletten**
söndag sön-da:g **Sonntag**
sönder sönder **kaputt**
söt sö:t **süß**

T

ta ta: **nehmen**
tabletter (mot ...) tabletter (mu:t ...) **Tabletten (gegen ...)**
tack tack **danke**
tak ta:k **Dach**
takräcke ta:k-räcke **Gepäckträger**
tal ta:l **Zahl**
tala ta:la **reden**
tallrik tall'rik **Teller**
tallrik och bestick tall'ri:k o: be'stick **Gedeck**
ta med ta: me: **mitnehmen**
tamponger tam'ponger **Tampons**
tand tand **Zahn**
tandborste tand-borschte **Zahnbürste**
tandkräm tand-krä:m **Zahnpasta**
tandläkare tand-lä:kare **Zahnarzt**
tandpetare tand-pe:tare **Zahnstocher**
tanka tanka **tanken**
tarm tarm **Darm**
tavla ta:wla **Gemälde**

taxi taksi **Taxi**
taxistation taksi-sta'schu:n **Taxistand**
teater te'a:ter **Theater**
teaterpjäs te'a:ter-pjä:s **Theaterstück**
teckning teckning **Zeichnung**
te te: **Tee**
tejp tejp **Klebeband**
telefon tele'fo:n **Telefon**
telefonera telefo'ne:ra **telefonieren**
telefonkatalog tele'fo:n-kata'lo:g **Telefonbuch**
telefonkiosk tele'fo:n-chosk **Telefonzelle**
telefonnummer tele'fo:n-nümmer **Telefonnummer**
tempel tempel **Tempel**
temperatur tempera'tü:r **Temperatur**
tennis tennis **Tennis**
termos termos **Thermosflasche**
terrass ter'rass **Terrasse**
tesked te:-sche:d **Teelöffel**
teve te:we: **Fernseher**
text tekst **Untertitel**
tid ti:d **Termin; Zeit**
tidigt ti:dit **früh**
tidning ti:dning **Zeitung**
tidningskiosk ti:dnings-chosk **Zeitungsstand**
tidskrift ti:d-skrift **Illustrierte; Zeitschrift**
tidtabell ti:d-ta'bell **Fahrplan**
till till **an** *(Richtung)*; **bis; nach**
tillbaka till'ba:ka **zurück**
tillbehör till-be'hö:r **Beilage**
till exempel till ek'sempel **zum Beispiel**
till höger till hö:ger **nach rechts**
tillhöra till-hö:ra **gehören**
tillsammans till'sammans **zusammen**
till vänster till wänster **nach links**
tillägg till-lägg **Zuschlag**
timme timme **Stunde**
tisdag ti:s-da:g **Dienstag**
titta på titta po: **besichtigen**
tjock schock **dick**
tjuv schü:w **Dieb**
toalett toa'lett **Toilette; WC**
toalettpapper toa'lett-papper **Toilettenpapier**
tobak tu:bak **Tabak**
tom tu:m **leer**
tomat tu'ma:t **Tomate**
tomatjuice tu'ma:t-ju:s **Tomatensaft**
tonfisk tu:n-fisk **Thunfisch**
topp topp **Gipfel**
toppen toppen **toll**
torka torka **trocknen**
torkarblad torkar-bla:d **Scheibenwischerblätter**

torktumlare tork-tümmlare **Wäschetrockner**
torn tu:rn **Turm**
torr tor **trocken**
torsdag tursch-da:g **Donnerstag**
trafikljus tra'fi:k-jü:s **Ampel**
trafikomläggning tra'fi:k-om-läggning **Umleitung**
trampbåt tramp-bo:t **Tretboot**
trappa trappa **Treppe**
trappsteg trapp-ste:g **Stufe**
tratt tratt **Trichter**
trevligt tre:wlit **erfreut**
tro tru: **glauben**
trycka trycka **drücken**
tråd tro:d **Draht**
trång tro:ng **eng**
träd trä:d **Baum**
trädgård träd-go:rd **Garten**
träffas träffas **sich treffen**
trött trött **müde**
t-shirt ti:-schört **T-Shirt**
tull tüll **Zoll**
tung tüng **schwer** *(Gewicht)*
tunga tünga **Zunge**
tunnelbana tünnel-ba:na **U-Bahn**
tunnelbanestation tünnel-ba:ne-sta'schu:n **U-Bahn-Station**
turist tü'rist **Tourist**
turistinformation tü'rist-informa'schu:n **Touristeninformation**
turkos tür'ko:s **türkis**
tuta tü:ta **Hupe**
tvål two:l **Seife**
tvätta twätta **waschen**
tvättlina twätt-li:na **Wäscheleine**
tvättmaskin twätt-ma'schi:n **Waschmaschine**
tvättmedel twätt-me:del **Waschmittel**
tvättrum twätt-rümm **Waschraum**
tvivla twi:wla **zweifeln**
tycka tycka **meinen**
tycka om tycka omm **mögen**
tysk tysk **deutsch**
Tyskland tysk-land **Deutschland**
tyst tyst **leise; still**
tyvärr ty'wärr **leider**
tå to: **Zehe**
tåg to:g **Zug**
tång tong **Zange**
tårta to:rta **Torte**
täcke täcke **Bettdecke; Decke**
tält tält **Zelt**
tändare tändare **Feuerzeug**
tändstickor tänd-stickur **Streichhölzer**
tänka tänka **denken**
töa tö:a **tauen**
törstig törschti **durstig**

U

ull üll **Wolle**
under ünder **unter**
underkläder *pl* ünder-klä:der **Unterwäsche**
underskrift ünder-skrift **Unterschrift**
undersökning ünder-schö:kning **Untersuchung**
undertröja ünder-tröija **Unterhemd**
ung üng **jung**
ungefär ünje'fä:r **ungefähr**
universitet üniwerschi'te:t **Universität**
uppdämd sjö üppdämmd schö: **Stausee**
uppe üppe **oben**
uppehåll üppe-holl **Aufenthalt**
uppehållsrum üppe-holls-rümm **Aufenthaltsraum**
uppkoppling till internet üpp-koppling till internet **Internetanschluss**
uppladdningsbar batteri üpp-laddnings-ba:r batte'ri: **Akku**
upprepa üpp-re:pa **wiederholen**
upptaget üpp-ta:get **besetzt**
urmakare ü:r-ma:kare **Uhrmacher**
urolog üro'lo:g **Urologe**
Ursäkta mig! ü:r'schäckta mej! **Entschuldigen Sie!**
ur vad ü:r wa:d **woraus**
urval ü:r-wa:l **Auswahl**
USB-stick ü:ess'be:-stick **USB-Stick**
utan ü:tan **ohne**
utan trappsteg ü:tan trapp-ste:g **stufenlos**
ute ü:te **draußen**
utflykt ü:t-flykt **Ausflug**
utflyktsbåt ü:t-flykts-bo:t **Ausflugsboot**
utförsäljning ü:t-för-'säljning **Schlussverkauf**
utgång ü:t-gong **Ausgang**
uthyrningsavgift ü:t-hy:rnings-a:w-jift **Leihgebühr**
utomhusscen ü:tom-hü:s-'se:n **Freilichtbühne**
utsikt ü:t-sickt **Aussicht**
utställning ü:t-ställning **Ausstellung**
utsåld ü:t-sold **ausverkauft**
UV-filter ü:we:-filter **UV-Filter**

V

vaccinationsintyg waksina'schu:ns-inty:g **Impfpass**
vacker wacker **schön**
vad wa:d **was**
vagn wagn **Waggon**

vallfärdsort wallfärds-u:rt **Wallfahrtsort**
valuta wa'lü:ta **Währung**
valv walw **Gewölbe**
vandra wandra **wandern**
vandrarhem wandrar-hemm **Jugendherberge**
vandringskarta wandrings-ka:rta **Wanderkarte**
vandringsled wandrings-le:d **Wanderweg**
vapen wa:pen **Wappen**
var wa:r **wo**
vara wa:ra **sein**
vara hungrig wa:ra hüngri **hungrig sein**
vara mätt wa:ra mätt **satt sein**
vara törstig wa:ra törschti **durstig sein**
varför war-för **warum**
varm warm **warm**
varning wa:rning **Warnung**
varningstriangel wa:rnings-tri'angel **Warndreieck**
vas wa:s **Vase**
vatten watten **Wasser**
vattenfall watten-fall **Wasserfall**
vattenkran watten-kra:n **Wasserhahn**
vattenmelon watten-me'lu:n **Wassermelone**
vattenpolo watten-pulo **Wasserball**
vattenskidor *pl* watten-schi:dur **Wasserski**
vecka wecka **Woche**
ved we:d **Kaminholz**
vegetarisk wege'ta:risk **vegetarisch**
vem wemm **wer**
ventil wen'ti:l **Ventil**
verk werk **Werk**
verkstad werk-sta:d **Werkstatt**
verktyg *pl* werk-ty:g **Werkzeug**
veta we:ta **wissen**
veterinär weteri'nä:r **Tierarzt**
vi wi: **wir**
vid wi:d **bei; an** *(örtliche Lage)*
vidarebefordra wi:dare-be'fu:rdra **weiterleiten**
vid lunchtid vi:d lunsch-ti:d **mittags**
vidvinkelobjektiv wi:d-winkel-objek'ti:w **Weitwinkelobjektiv**
viking wi:king **Wikinger**
vikingaskepp wi:kinga-schepp **Wikingerschiff**
vikt wickt **Gewicht**
viktig wickti **wichtig**
vilja wilja **wollen**
vilstol wi:l-stu:l **Liegestuhl**
vin wi:n **Wein**
vind wind **Wind**

vindrutetorkare wind-rü:te-torkare **Scheibenwischer**
vindruvor wi:n-drü:wur **Weintrauben**
vinna winna **gewinnen**
vinter winter **Winter**
vinäger wi'nä:ger **Essig**
visa wi:sa **zeigen**
visitkort wi'si:t-kurt **Visitenkarte**
visning wi:s-ning **Führung**
vit wi:t **weiß**
vitlök wi:t-lö:k **Knoblauch**
vittne wittne **Zeuge**
vittvin witt-wi:n **Weißwein**
volleyboll wolle:-boll **Volleyball**
vuxen wüksen **Erwachsener**
vykort wy:-kurt **Ansichtskarte**
våg wo:g **Welle**
våning wo:ning **Etage; Stockwerk**
vår wo:r **Frühling**
väckarklocka wäckar-klocka **Wecker**
väder wä:der **Wetter**
väg wä:g **Weg**
väga wä:ga **wiegen**
väggmålning wägg-mo:lning **Wandmalerei**
vägkarta wä:g-ka:rta **Straßenkarte**
vägtull wä:g-tüll **Maut**
vän wänn **Freund** *(allg.)*
vända wända **umkehren**
vända sig till wända sej till **sich wenden an**
väninna wänn'inna **Freundin** *(allg.)*
vänster wänster **links**
vänta wänta **warten**
väntsal wänt-sa:l **Wartesaal**
värld wä:rd **Welt**
värme wärme **Heizung; Hitze**
väska wäska **Tasche**
väst wäst **Weste**
väster wäster **Westen**
växel wäksel **Gang**
växelkontor wäksel-kon'tu:r **Wechselstube**
växlande wäkslande **wechselhaft**

Y

yogurth jo:gürt **Joghurt**
yrke yrke **Beruf**
ytterligare ytter-ligare **zusätzlich**
yttertröja ytter-tröija **Pullover**

Z

zoo su: **Zoo**

Å

åka bort o:ka bort **wegfahren**
ålder older **Alter**
ångbad ong-ba:d **Dampfbad**
år o:r **Jahr**

århundrade o:r-'hündrade **Jahrhundert**
åska oska **Donner**
återbetala o:ter-be-'ta:la **rückerstatten**
återresa o:ter-re:sa **Rückfahrt**
återväg o:ter-wä:g **Rückweg**
återvändsgata o:ter-wänds-ga:ta **Sackgasse**

Ä

äga rum ä:ga rümm **stattfinden**
ägg ägg **Ei**
äkta äckta **echt**
älska älska **lieben**
än änn **als** *(Vergleich)*
ändhållplats änd-holl-plats **Endstation**
äng äng **Wiese**
ännu ännü: **noch**
äntligen änt-ligen **endlich**
äppeljuice äppel-ju:s **Apfelsaft**
äpple äpple **Apfel**
äta ä:ta **essen**
äta frukost ä:ta frü-'kost **frühstücken**
även ä:wen **sogar**

Ö

ö ö: **Insel**
öde ö:de **Schicksal**
öga ö:ga **Auge**
ögondroppar *pl* ö:gon-droppar **Augentropfen**
ögonläkare ö:gon-lä:kare **Augenarzt**
öl ö:l **Bier**
ömtålig ömm-to:lig **zerbrechlich**
önskan önnskan **Wunsch**
öppen öppen **offen**
öppen spis öppen spi:s **Kamin**
öppet öppet **geöffnet**
öra ö:ra **Ohr**
örhängen ö:r-hängen **Ohrringe**
öron-näsa-halsläkare ö:ron-nä:sa-hals-lä:kare **Hals-Nasen-Ohren-Arzt**
örter ö:rter **Kräuter**
Österrike öster-ri:ke **Österreich**
över ö:wer **über**
överallt ö:wer'allt **überall**
överfart ö:wer-fa:rt **Überfahrt**
överföring ö:wer-'fö:ring **Überweisung**
övernatta ö:wer-natta **übernachten**
övernattning ö:wer-nattning **Übernachtung**
överraskning ö:wer-raskning **Überraschung**
övertala ö:wer-ta:la **überreden**
övervikt ö:wer-wickt **Übergepäck**
övrig ö:wrig **übrig**

Die Zahlen

0 .... **noll** noll
1 .... **ett** ett
2 .... **två** two:
3 .... **tre** tre:
4 .... **fyra** fy:ra
5 .... **fem** femm
6 .... **sex** seks
7 .... **sju** schü:
8 .... **åtta** otta
9 .... **nio** ni:o
10 .... **tio** ti:o

11 .... **elva** elwa
12 .... **tolv** tolw
13 .... **tretton** tretton
14 .... **fjorton** fju:rton
15 .... **femton** femmton
16 .... **sexton** sekston
17 .... **sjutton** schütton
18 .... **arton** a:rton
19 .... **nitton** nitton
20 .... **tjugo** schü:go

21 .... **tjugoett** schü:go-ett
22 .... **tjugotvå** schü:go-two:
23 .... **tjugotre** schü:go-tre:
24 .... **tjugofyra** schü:go-fy:ra
25 .... **tjugofem** schü:go-femm
26 .... **tjugosex** schü:go-seks
27 .... **tjugosju** schü:go-schü:
28 .... **tjugoåtta** schü:go-otta
29 .... **tjugonio** schü:go-ni:o
30 .... **trettio** trettio